LE PARC

DE MANSFIELD.

III.

LE PARC
DE MANSFIELD,

OU

LES TROIS COUSINES,

PAR L'AUTEUR DE RAISON ET SENSIBILITÉ, OU LES DEUX MANIÈRES D'AIMER; D'ORGUEIL ET PRÉJUGÉ, etc.

TRADUIT DE L'ANGLAIS,

PAR M. HENRI V******N.

TOME TROISIÈME.

PARIS,

J. G. DENTU, IMPRIMEUR-LIBRAIRE,
rue des Petits-Augustins, n° 5 (ancien hôtel de Persan).

1816.

LE PARC DE MANSFIELD,

OU

LES TROIS COUSINES.

CHAPITRE PREMIER.

L'ONCLE et les deux tantes de Fanny étaient dans le salon lorsqu'elle parut. Elle fut un objet intéressant pour le premier, et il vit avec plaisir l'élégance générale qu'il y avait en elle, et combien son air était agréable. Il se borna à louer devant elle la fraîcheur et le bon goût de son ajustement; mais quand elle eut quitté de nouveau le salon, il donna des louanges entières à sa beauté.

« Oui, dit lady Bertram, elle a très-bonne mine. Je lui ai envoyé Chapman. »

« Bonne mine! Oh oui! s'écria madame Norris. Elle a de bonnes dispositions pour cela, élevée dans cette famille comme elle l'a été, avec l'exemple des grâces de ses cousines sous les yeux. Pensez seulement, mon cher sir Thomas, quels avantages vous et moi nous lui avons faits! La robe même que vous venez de remarquer est un présent que vous lui avez fait, lorsque la chère madame Rushworth s'est mariée. Que serait-elle devenue si nous ne l'avions pas prise par la main? »

Sir Thomas garda le silence. Mais quand on se mit à table, les yeux d'Edmond et de William l'assurèrent qu'il pourrait parler avec plus de succès du même sujet, lorsque les dames se seraient retirées. Fanny vit qu'on la trouvait bien, et n'en parut que plus jolie. Elle était heureuse par différentes causes : elle le devint encore davantage, lorsqu'en suivant ses tantes qui se retiraient de la salle à manger, Edmond, qui s'était placé près de la porte, lui dit : « Il faut que vous dansiez avec moi, Fanny ; je vous demande deux contredanses, les deux que vous voudrez, à l'exception des deux premières. » Elle n'avait rien de plus à désirer. La gaîté que ses cousines avaient témoignée le jour d'un bal, ne la surprenait plus. Elle sentait que c'était une charmante chose; et dès qu'elle pouvait échapper à sa tante Norris, elle répétait ses pas de danse dans le salon.

La famille se réunit, et on commença à attendre les voitures. Un esprit de contentement se répandit parmi les habitans de Mansfield; chacun parlait et riait. Fanny remarquait qu'il y avait un peu d'effort dans la gaîté d'Edmond, mais elle voyait avec plaisir que cet effort disparaissait graduellement.

Lorsque les voitures arrivèrent, lorsque la société commença à se réunir, la gaîté de Fanny se calma un peu. La vue de tant d'étrangers, ainsi que la gravité et les formalités du premier grand cercle où elle assistait, la firent revenir en elle-même. Elle était présentée çà et là par son oncle, elle était forcée d'écouter des civilités qui lui étaient adressées particulièrement, et d'y répondre. C'était une besogne pénible, et toutes les fois qu'elle se trouvait dans ce cas, elle regardait William qui se promenait à l'aise derrière les fauteuils, et enviait d'être avec lui.

L'entrée de la famille Grant et de miss Crawford avec son frère, donna plus de gaîté au cercle. De petits groupes furent formés, et les fronts prirent l'aspect de la gaîté. Fanny fut enchantée de sortir du rôle d'étiquette qu'elle venait de remplir, et elle aurait été encore plus contente si ses yeux avaient pu ne pas errer sur Edmond et sur miss Crawford. Celle-ci était charmante..! et qu'en résulterait-il ? Fanny fut tirée de ses réflexions en apercevant M. Crawford devant elle, qui lui demanda de lui accorder les deux premières contre-danses. Elle n'était pas fâchée d'avoir un danseur, mais elle remarqua que M. Crawford, en faisant cette demande, y mettait un ton qui ne lui plaisait point, et que ses yeux s'étant portés sur son collier, il avait souri : ce sourire la fit rougir et l'embarrassa. Elle ne put se remettre que lorsque M. Crawford l'eut quittée pour aller parler à d'autres personnes. Lorsque la société passa dans la salle du bal, Fanny se trouva pour la première fois auprès de miss Crawford, dont les yeux et le sourire imitèrent ceux de son frère; Fanny se hâta de donner l'explication du second collier. Miss Crawford écouta, et toutes les insinuations qu'elle voulait faire à Fanny furent oubliées.. Elle fut toute entière à une seule chose, et ses yeux déjà si brillans, montrèrent qu'ils le pouvaient devenir davantage. Elle s'écria avec un air de vive satisfaction : « Il a fait cela ? Edmond? Cela est bien digne de lui ! Aucun autre homme que lui n'y aurait pensé. Je l'estime au-delà de toute expression. » Et en disant cela, elle regardait autour d'elle, comme désirant le lui dire à lui-même; mais il était à accompagner des dames dans un autre appartement; et madame Grant étant venu auprès des deux jeunes personnes, et s'étant mise entre elle deux, elles suivirent le reste de la société dans la salle du bal.

Le cœur de Fanny avait été vivement ému par les paroles de miss Crawford; mais elle n'avait plus le loisir de réfléchir sur ce sujet. Elle était dans la salle du bal, les instrumens de musique se faisaient entendre, et elle était obligée de faire attention à l'arrangement général.

Au bout de quelques minutes, sir Thomas vint vers elle, et lui demanda si elle était engagée. « Oui, mon oncle, à M. Crawford, répondit-elle : et c'était précisément là ce qu'il désirait entendre. M. Crawford n'était pas éloigné, sir Thomas le conduisit à Fanny, en lui disant quelques mots qui découvrirent à celle-ci qu'elle devait ouvrir le bal. Cette idée ne s'était jamais présentée à son esprit. Elle avait pensé que cela était réservé à Edmond avec miss Crawford, et l'impression fut si forte, qu'elle ne put retenir une exclamation de surprise, et même s'empêcher de supplier qu'on la dispensât d'ouvrir le bal. Il fallait que l'effroi qu'elle éprouvait fût bien grand pour qu'elle osât avancer une opinion différente de celle de sir Thomas. Celui-ci sourit, essaya de l'encourager, et ensuite dit avec un air trop sérieux : « Il faut que cela soit, ma chère, » pour que Fanny osât hasarder une autre parole de plus. Le moment d'après, elle fut conduite par M. Crawford au haut de la salle pour y être jointe par le reste des danseurs, couple par couple, tels qu'ils avaient été formés.

Fanny pouvait à peine croire qu'elle fût ainsi placée au-dessus de tant de jeunes femmes élégantes. Cette distinction lui paraissait être trop grande. Ses pensées se reportaient sur ses cousines; elle éprouvait un tendre regret de ce qu'elles ne fussent pas présentes pour partager un plaisir qui avait tant de charmes pour elles.

Le bal commença. Pendant la première contre-danse, Fanny y trouva plus d'honneur que de plaisir. Son danseur était dans les dispositions les plus gaies, et il cherchait à les lui communiquer; mais ce ne fut que lorsqu'elle pensa que l'on ne faisait plus attention à elle, qu'elle put reprendre ses esprits. Cependant jeune, jolie et gracieuse, sa timidité ne lui ôtait aucun de ses charmes, et toutes les personnes du cercle étaient généralement disposées à la louer. Elle était attrayante, elle était modeste, elle était nièce de sir Thomas; elle passa bientôt pour être admirée par M. Crawford : cela suffisait pour lui attirer la faveur générale. Sir Thomas lui-même examinait avec complaisance la danse de Fanny. Il était fier de sa nièce, et sans attribuer, comme madame Norris, toute sa beauté personnelle à son séjour à Mansfield, il s'applaudissait de lui avoir procuré l'éducation et les formes dont elle lui était redevable.

Miss Crawford regardait sir Thomas et devinait ses pensées; et comme elle avait le désir de lui être agréable malgré la différence de leurs opinions, elle saisit le moment où elle se trouva auprès de lui pour lui dire quelque chose de flatteur pour Fanny. Sir Thomas reçut cet éloge comme miss Crawford pouvait le désirer, en s'y joignant autant que la discrétion et la politesse le demandaient de lui. Lady Bertram se trouvant à peu de distance assise sur un sofa, miss Crawford se tourna vers elle avant qu'elle commençât à danser, pour lui faire compliment sur la bonne mine de miss Price.

« Oui, elle a très-bon air, répondit tranquillement lady Bertram. Chapman l'a aidée à faire sa toilette; je lui ai envoyé Chapman. » Ce n'était pas qu'elle fût fâchée de voir Fanny admirée, mais elle était principalement frappée de sa propre bonté, en envoyant madame Chapman à Fanny.

Miss Crawford connaissait trop bien madame Norris, pour essayer de lui plaire en lui vantant Fanny.

« Ah! madame, lui dit-elle, quel dommage que nous n'ayons pas ici la chère madame Rushworth et Julia! » Madame Norris lui répondit par tous les mots polis qu'elle put lui adresser, au milieu de ses occupations de faire dresser des tables de jeu, et de fairc placer par sir Thomas les personnes titrées dans le haut de la salle.

Miss Crawford fut moins heureuse dans ses intentions d'être agréable à Fanny. Après les deux premières contre-danses, elle joignit celle-ci, et lui dit avec un regard significatif: « Vous pourrez peut-être me dire pourquoi mon frère va à Londres demain. Il dit qu'il y a des affaires, mais sans s'expliquer davantage; c'est la première fois qu'il m'ôte sa confiance. C'est à quoi nous devons toutes nous attendre. Nous sommes toutes supplantées tôt ou tard. Maintenant il faut que je m'adresse à vous pour savoir quelque chose. Je vous en prie, dites-moi, pourquoi Henri part-il ? »

Fanny protesta qu'elle ne savait pas la moindre chose à ce sujet.

« En ce cas, dit miss Crawford en riant, je dois supposer que c'est pour le plaisir d'accompagner votre frère et de parler de vous pendant la route. »

Fanny fut confuse et mécontente en même temps. Miss Crawford s'étonna de ne la point voir sourire, mais elle ne put croire qu'elle fût insensible aux attentions de Henri. Fanny s'amusa beaucoup pendant la soirée, mais les attentions de Henri l'intéressaient fort peu. Cependant quand il parlait de William, il ne lui était pas désagréable ; il montrait dans ces occasions une chaleur d'ame qui lui était avantageuse. Toutefois la satisfaction de Fanny ne provenait point de ses attentions. Elle était heureuse en voyant combien William s'amusait au bal ; elle était heureuse en remarquant qu'elle était admirée ; elle était heureuse en songeant qu'elle avait deux contre-danses à danser avec Edmond ; sa main était demandée avec tant d'empressement pour danser, que cet engagement, qui n'avait pas été fixé, était dans une perspective continuelle. Elle fut heureuse lorsqu'il s'exécuta, mais non pas à cause de la gaîté d'Edmond ou de quelques autres expressions bienveillantes comme celles du matin : ses esprits étaient abattus, et le plaisir que Fanny goûtait en cet instant, était celui de se trouver l'amie auprès de laquelle il trouvait du repos. « Je suis excédé de civilités, dit-il. J'ai parlé toute la nuit sans avoir rien à dire. Mais avec vous, Fanny, je puis être tranquille; vous n'avez pas besoin que l'on vous parle. Jouissons du plaisir du silence. » Fanny se conforma à ses désirs, et ils dansèrent leurs deux contre-danses avec une tranquillité qui pouvait faire penser à tout observateur quelconque, que sir Thomas n'avait point élevé dans Fanny une épouse pour son second fils.

La soirée avait présenté peu d'agrément à Edmond. Miss Crawford avait été très-gaie en dansant avec lui; mais cette gaîté n'était point de nature à lui plaire. Après une contredanse, Edmond s'était placé auprès d'elle, et sa conversation l'avait tout à fait affligé, par la manière dont miss Crawford avait parlé de la profession dans laquelle il était sur le point de s'engager. Ils avaient parlé, ils avaient gardé le silence; il avait raisonné, elle l'avait tourné en ridicule, et ils avaient fini par se séparer avec un mécontentement mutuel. Fanny, qui n'avait pu s'empêcher de les observer, en avait assez vu pour être satisfaite. Il y avait de la cruauté à être heureuse, tandis qu'Edmond souffrait; et cependant Fanny ne pouvait s'empêcher d'éprouver de la satisfaction de ce qu'il souffrait.

Lorsqu'elle eut achevé de danser avec lui, son goût et ses forces pour le bal se trouvèrent également épuisés, et sir Thomas ayant remarqué qu'elle marchait plutôt qu'elle ne dansait, l'engagea à s'asseoir et à ne plus danser. M. Crawford, dès ce moment, s'assit aussi.

« Pauvre Fanny! s'écria William en venant lui rendre visite pendant un moment, et en agitant devant son visage l'éventail de sa danseuse, comme si Fanny eût été en danger de perdre la vie. « Comme elle est vite rendue! le jeu ne fait que de commencer; comment pouvez-vous être fatiguée si promptement? »

« Si promptement! mon bon ami, dit sir Thomas en tirant sa montre avec précaution : il est trois heures du matin, et votre sœur n'est pas accoutumée à veiller à ces heures-là. »

« Eh bien donc! Fanny, vous ne serez pas levée demain avant que je parte? Dormez aussi long-temps que vous le pourrez, et ne pensez pas à moi. »

« Oh ! William ! »

« Quoi ! dit sir Thomas, est-ce qu'elle veut être debout avant que vous partiez ? »

« Oh ! oui, mon oncle, s'écria Fanny en se levant promptement de sa chaise. Il faut que je déjeûne avec lui : ce sera la dernière fois, le dernier matin ; vous le savez ! »

« Il vaudrait mieux ne pas vous réveiller, Fanny ! Vous savez qu'il doit partir à huit heures et demie ! »

Mais Fanny fut si pressante, que son oncle finit par dire : « Bien ! bien ! » ce qui équivalait à une permission.

« Oui, à huit heures et demie, dit Crawford à William, comme celui-ci s'éloignait, et je serai exact, car je n'ai point de tendre sœur qui se réveille à cause de moi. » Et d'un ton plus bas, il dit à Fanny : « Je sortirai tristement d'une maison déserte. Votre frère trouvera mes idées bien différentes demain. »

Sir Thomas, après un moment, invita M. Crawford à venir déjeûner avec William ; et l'empressement avec lequel cette offre fut acceptée, confirma les soupçons que le bal avait augmentés dans l'esprit de sir Thomas, que M. Crawford était épris de Fanny. Un moment après il engagea Fanny à aller se mettre au lit. Cet avis qu'il lui donnait était un ordre absolu ; Fanny se leva aussitôt et se retira, après avoir reçu l'adieu très-cordial de M. Crawford. Elle jeta un dernier regard sur la salle du bal, où cinq ou six couples dansaient encore intrépidement, et elle monta lentement le grand escalier, poursuivie par la contre-danse sans fin, fatiguée, épuisée, mais pensant malgré cela qu'un bal était vraiment une chose délicieuse.

En la faisant se retirer, sir Thomas ne pensait pas seulemeut à sa santé. Il songeait quc M. Crawford avait été assis assez long-temps auprès d'elle, ou peut-être voulait-il montrer à ce dernier avec quelle promptitude Fanny se rendait aux invitations qu'on lui faisait.

CHAPITRE II.

Le bal était fini ; le déjeûner finit bientôt aussi : le dernier baiser fut donné, et William partit. M. Crawford avait été exact. Le déjeûner avait été court et agréable.

Fanny resta seule dans le salon après le départ de William, attristée par cette séparation. C'était un jour de tristesse ; aussitôt après le second déjeûner, Edmond prit congé de sa famille pour une semaine, et monta à cheval pour se rendre à Peterborough. Il ne resta à Fanny des plaisirs de la veille que des souvenirs, dont elle ne pouvait s'entretenir avec personne. Sa tante Bertram avait si peu de curiosité, qu'elle ne se rappelait aucune circonstance du bal, et madame Norris était retournée chez elle avec les gelées qui s'étaient trouvées de trop, pour en nourrir, disait-elle, une fille malade.

La soirée fut aussi triste que le jour l'avait été. Sir Thomas était occupé d'une lecture, et lady Bertram voulut jouer aux cartes, parce qu'elle ne pouvait travailler. Fanny fit sa partie, et jusqu'à l'heure d'aller se mettre au lit, les seules paroles qui furent entendues dans le salon furent : « Cela fait trente-un...., quatre en mains; c'est à vous à donner les cartes, madame... Donnerai-je pour vous ? » Fanny réfléchissait sur la différence qui s'était opérée en vingt-quatre heures dans cet appartement et toute la maison. Le soir précédent tout avait été espérance, sourires, fracas, mouvement, éclat dans le salon et par-tout; et dans ce moment il ne s'y trouvait que langueur et solitude.

Elle put penser à William le jour suivant avec moins de mélancolie; et comme elle eut occasion de parler du bal avec madame Grant et miss Crawford avec tout le coloris de l'imagination qui est si nécessaire pour rappeler un bal évanoui, son esprit reprit sa situation ordinaire, et se conforma sans peine à la tranquillité de la semaine actuelle.

Le cercle s'était rétréci; celui qui contribuait le plus à l'agrément des réunions des deux familles, Edmond, était parti. Mais il fallait apprendre à s'y soumettre; il devait bientôt quitter Mansfield pour toujours. Fanny pensait, avec un sentiment de reconnaissance, qu'elle pouvait maintenant rester dans la même chambre que son oncle, entendre sa voix, recevoir ses questions, et même y répondre sans éprouver la timidité qu'elle ressentait autrefois.

« Nos deux jeunes gens nous manquent, » dit sir Thomas, le premier et le second jour, au petit cercle qui se formait après le dîner. Il se bornait d'abord, pour ne pas attrister davantage Fanny, à boire à leur bonne santé, mais il s'étendit ensuite sur ce qui les concernait. Il parlait de William avec intérêt, et de l'espoir qu'il avait de son avancement. « Nous pouvons penser, ajouta-t-il, qu'il pourra nous rendre visite assez fréquemment; et quant à Edmond, il faut bien que nous nous fassions à son absence. Cet hiver est le dernier où il nous appartiendra. »

« Oui, dit lady Bertram ; mais je désirerais qu'il ne s'en allât pas. Tous nous quittent, je crois : je voudrais que nos enfans restassent avec nous. »

Ce désir que lady Bertram exprimait, s'adressait particulièrement à Julia, qui venait d'écrire pour demander la permission d'aller à Londres avec sa sœur ; et comme sir Thomas croyait devoir accorder cette permission, lady Bertram regrettait de voir le retour de Julia encore différé. Sir Thomas entra dans un long raisonnement pour faire approuver cet arrangement à sa femme. Lady Bertram y acquiesça avec calme, et dit tranquillement : « Oui. » Au bout d'un quart-d'heure de réflexion, elle rompit soudain le silence, en disant :

« Sir Thomas ! je réfléchissais. Je suis très-aise que nous ayons pris Fanny comme nous l'avons fait ; car maintenant que les autres sont absens, nous en ressentons l'agrément. »

Sir Thomas augmenta aussitôt ce compliment en ajoutant : « Cela est vrai. Nous montrons à Fanny la bonne opinion que nous avons d'elle en la louant en face ; elle est maintenant une très-agréable compagne. Si nous avons été tendres pour elle, elle est aujourd'hui tout à fait nécessaire pour nous. »

« Oui, dit lady Bertram, et il est agréable de penser que nous l'aurons toujours avec nous. »

Sir Thomas sourit, regarda sa nièce, et répondit ensuite gravement : « J'espère qu'elle ne nous quittera point, à moins qu'elle ne soit invitée d'aller dans quelque autre maison qui lui promît plus de bonheur qu'elle en trouve ici. »

« Et cela n'est pas vraisemblable, sir Thomas! qui pourrait l'inviter ? Maria pourrait être bien aise de la voir de temps en temps à Sotherton, mais elle ne la demanderait pas pour y rester tout à fait, et je suis sûre qu'elle est mieux ici ; en outre, je ne puis me séparer d'elle. »

La semaine qui s'écoulait si paisiblement à la grande maison de Mansfield, avait un caractère différent au presbytère. Ce qui était tranquillité et agrément pour Fanny, était ennui et tourment pour miss Crawford : cela pouvait être attribué à la différence du caractère et des habitudes; l'une si aisément satisfaite, l'autre si peu accoutumée aux contrariétés; mais cela pouvait l'être encore plus à la différence des circonstances. Il y avait quelques points où leurs intérêts se trouvaient dans une opposition absolue. Pour Fanny, l'absence d'Edmond était réellement dans sa cause et dans son but, un soulagement. Pour miss Crawford, cette absence était pénible de toute façon. Elle sentait le manque de sa société chaque jour et presque à chaque heure. Elle le sentait vivement. Il n'y avait plus au presbytère qu'un triste trio confiné dans la maison, par la pluie ou par la neige, sans avoir rien à faire ni à espérer. Irritée contre Edmond de ce qu'il tenait à son plan et le suivait en dépit d'elle, son courroux avait été si vif qu'ils s'étaient quittés au bal presque fâchés : cependant elle ne pouvait s'empêcher de penser continuellement à lui, de réfléchir sur son mérite et sur son affection, et de soupirer après les réunions qui avaient eu lieu récemment. Elle trouvait que son absence était inutilement prolongée : elle pensait qu'il n'aurait dû quitter Mansfield que pour une semaine, puisqu'elle était voisine de son départ. Elle aurait voulu ne lui avoir pas parlé avec tant de chaleur dans leur dernière conversation; elle craignait de s'être servi de quelques expressions de mépris en parlant du clergé : c'était d'un mauvais ton, c'était un tort; elle désirait de tout son cœur qu'elle ne se fût point servie de ces expressions.

Son tourment ne finit point avec la semaine. Edmond écrivit à sa famille qu'il avait promis de rester avec son ami quelques jours de plus. Elle se repentit alors dix fois plus de ce qu'elle avait dit : et bientôt elle eut à combattre une émotion qui lui était nouvelle, celle de la jalousie. L'ami d'Edmond, M. Owen, avait des sœurs; Edmond pouvait les trouver aimables. En outre la prolongation de son absence, au moment où elle avait annoncé devoir retourner à Londres, signifiait quelque chose qu'elle ne pouvait supporter. Si Henri revenait comme il devait le faire, elle pouvait quitter Mansfield sous trois ou quatre jours. Il lui devint indispensable d'aller trouver Fanny pour essayer de savoir quelque chose; elle ne pouvait plus vivre dans une si triste solitude. Elle se mit donc en route pour Mansfield, malgré les difficultés du chemin, qu'une semaine auparavant elle aurait jugé être insurmontables.

La première demi-heure fut perdue, car Fanny et lady Bertram étaient ensemble. Enfin lady Bertram sortit de la chambre, et, presque immédiatement, miss Crawford dit avec une voix dont elle s'efforçait de cacher l'émotion : « Et comment trouvez-vous l'absence de votre cousin Edmond? Comme la plus jeune personne de la maison, vous devez en souffrir davantage : cette absence prolongée ne vous surprend-elle pas? »

« Je ne sais, dit Fanny en hésitant; oui, je ne m'y étais pas tout à fait attendue. »

« Il restera peut-être encore plus

long-temps qu'il ne le dit. Tous les jeunes gens agissent ainsi. »

« Lorsqu'il a été voir M. Owen précédemment, il n'a pas prolongé son séjour auprès de lui »

« Il trouve peut-être la maison plus agréable maintenant? C'est un très-aimable homme par lui-même, et je ne puis m'empêcher d'être fâchée de ne le point revoir avant mon départ pour Londres. J'attends Henri chaque jour, et, aussitôt qu'il sera arrivé, il n'y aura rien qui me retiendra à Mansfield : j'aurais aimé à revoir Edmond, je l'avoue; mais je vous prie de vous charger de mes complimens pour lui. Ne trouvez-vous pas, miss Price, qu'il manque un mot dans notre langue pour exprimer ce qui est entre la politesse et l'affection, et pour dépeindre la connaissance amicale que nous avons eue ensemble depuis tant de mois ? mais les complimens suffiront ici. Sa lettre était-elle longue? »

« Je n'en ai entendu qu'une partie; elle était adressée à mon oncle, mais je crois qu'elle était fort courte. Il disait que son ami l'avait pressé de rester quelques jours de plus, et qu'il y avait consenti. »

« S'il a écrit à sir Thomas, il n'est pas surprénant qu'il ait été laconique. Il serait entré dans plus de détails s'il vous avait écrit; il vous aurait envoyé une description des individus. Combien y a-t-il de demoiselles Owen? »

« Il y en a trois, et toutes grandes. »

« Sont-elles musiciennes? »

« Je n'en sais rien; je n'en ai jamais entendu parler. »

« Je suppose que vous entendissiez dire qu'une des demoiselles Owen s'établit à Thornton-Lacey, comment trouveriez-vous cela ? Des choses plus surprenantes sont arrivées. J'oserais penser que l'on y songe; et la famille Owen aurait raison, car ce serait un établissement bien convenable; je ne m'en étonnerais ni ne le blâmerais. Le père est un homme d'église, le frère est un homme d'église, et ce sont tous des gens d'église. Edmond est leur propriété légitime. Vous ne dites rien, Fanny ? miss Price, vous ne parlez pas; ne vous attendez-vous pas à cela plutôt qu'à autre chose ? »

« Non, dit Fanny vivement; je ne m'attends nullement à cela. »

« Nullement ! répéta avec empressement miss Crawford ; je m'en étonne ; mais peut-être pensez-vous qu'il ne veut point se marier..., du moins actuellement ? »

« Non, je ne le pense pas, dit Fanny doucement, espérant qu'elle ne se trompait point. »

Miss Crawford la regarda d'un air pénétrant, dit seulement : « Il est mieux comme il est, » et changea de conversation.

CHAPITRE III.

Le tourment de miss Crawford fut beaucoup adouci par cette conversation, et elle revint au presbytère avec des dispositions d'esprit qui lui auraient fait braver une autre semaine aussi solitaire, avec le même mauvais temps, si elle avait dû en faire l'épreuve; mais le soir même, son frère arriva de Londres avec un surcroît de sa gaîté ordinaire. Son refus de lui dire l'objet de son voyage, qui, un jour auparavant, l'aurait fâchée, ne lui paraissait plus être qu'une plaisanterie, pour lui ménager une agréable surprise. Le jour suivant cette surprise eut lieu. Henri avait dit à sa sœur qu'il irait savoir des nouvelles de la famille Bertram, et qu'il serait de retour dans dix minutes. Mais il resta absent plus d'une heure ; et lorsque miss Crawford, qui l'avait attendu avec impatience pour se promener avec lui dans le jardin, l'aperçut enfin, et s'écria : « Mon cher Henri, où pouvez-vous avoir resté aussi long-temps ? » il lui répondit qu'il avait été seulement assis entre lady Bertram et Fanny.

« Assis avec elles une heure et demie ! » s'écria Marie. Mais ce n'était là que le commencement de la surprise.

« Oui, Marie, dit Crawford en mettant le bras de sa sœur sur le sien, et se promenant avec elle. Je n'ai pu revenir plutôt. Fanny était si jolie ! Je suis tout à fait décidé,

Marie. Serez-vous étonnée? Non : vous devez vous douter que je suis tout à fait résolu à épouser Fanny Price. »

La surprise fut complète ; car jamais le soupçon de pareilles vues n'était entré dans l'imagination de miss Crawford. Son étonnement était si grand, que son frère fut obligé de lui répéter ce qu'il venait de dire, encore plus solennellement. La conviction de cette résolution une fois admise, elle ne fut pas mal reçue. Il y avait même du plaisir dans cette surprise. Marie était dans une disposition d'esprit à la faire se réjouir d'une liaison avec la famille Bertram, et à ne pas être fâchée de ce que son frère se mariât un peu audessous de ses prétentions.

« Oui, Marie, dit Henri, je suis

pris. Vous savez dans quels vagues desseins j'avais commencé, mais en voici la fin. Je crois avoir fait quelques progrès dans l'affection de Fanny, mais la mienne est entièrement fixée. »

« Heureuse, heureuse fille ! s'écria Marie aussitôt qu'elle put parler. Quel mariage pour elle ! Mon cher Henri, ce doit être là mon premier sentiment; mais le second, qui est aussi sincère, est que j'approuve votre choix de toute mon ame, et que je prévois votre bonheur aussi cordialement que je le désire. Vous aurez une charmante petite femme, pleine de douceur, de reconnaissance et d'attachement; telle exactement que vous la méritez. Quel étonnant mariage pour elle ! Madame Norris parle souvent de son bonheur; que dira-t-elle à présent? Elle fait les délices de toute la famille, et elle y a quelques véritables amis. Combien ils seront satisfaits ! Mais dites-moi tout : quand avez-vous pensé sérieusement à elle? »

Il était impossible à son frère de répondre à cette question; il ne put que parler de nouveau de son affection pour Fanny. « Voilà pourquoi vous êtes allé à Londres, reprit Marie; vous avez voulu consulter l'amiral avant de vous décider? »

Mais il nia positivement. Il connaissait trop bien son oncle pour lui parler de mariage. L'amiral haïssait l'hymen, et pensait qu'il n'était jamais excusable dans un jeune homme d'une fortune indépendante de s'y soumettre.

« Lorsqu'il connaîtra Fanny, dit

Henri, il en sera fou. Elle est précisément la femme propre à détruire ses préjugés, car elle possède les qualités qu'il croit ne se trouver dans aucune femme dans le monde entier. Mais jusqu'à ce que l'affaire soit entièrement arrangée, il n'en saura rien. Non, Marie, vous êtes dans l'erreur; vous n'avez pas encore deviné l'objet de mon voyage à Londres. »

« Bien! bien! je suis satisfaite. Je sais maintenant à quel objet il doit se rapporter, et cela me suffit. Fanny Price! C'est surprenant! tout à fait surprenant. Mais vous avez raison; vous ne pouviez mieux choisir. Il n'y a pas une meilleure personne dans le monde; et vous n'avez pas besoin de fortune. Quant à sa famille, elle est plus que convenable; les Bertram sont, sans aucun doute, les premières personnes du pays. Elle est nièce de sir Bertram; c'en est assez pour le monde. Mais dites-moi plus; quels sont vos plans? Connaît-elle son bonheur?»

« Non. »

« Qu'attendez-vous pour le lui faire connaître? »

« Je n'attends que l'occasion. Marie, elle ne ressemble point à ses cousines; mais je pense que je ne demanderai pas sa main en vain. »

« Oh! non, cela n'est pas possible! Quand vous seriez moins agréable, en supposant qu'elle ne vous aime pas déjà (ce dont toutefois je doute peu), vous pourriez être tranquille. La douceur et la reconnaissance qui sont dans son caractère vous assureraient de son consentement. Je pense véritablement qu'elle ne vous épouserait pas sans amour. S'il existe dans le monde une fille qui ne soit pas influencée par l'ambition, je suppose que c'est Fanny : mais demandez-lui de vous aimer, et elle n'aura jamais le courage de vous refuser. »

Aussitôt que miss Crawford garda le silence, son frère recommença à l'entretenir des charmes de Fanny : sa beauté, sa figure, ses grâces, la bonté de son cœur étaient un sujet inépuisable. Il avait lieu de vanter sa raison et sa modération ; il l'avait vue souvent mise à l'épreuve. Quelle était la personne de la famille, à l'exception d'Edmond, qui n'eût pas exercé continuellement sa patience ? Elle avait de la vivacité dans ses affections ; pour s'en convaincre, il suffisait de la voir avec son frère. Mais ce n'était pas tout. Henri Crawford avait trop de bon sens pour ne pas sentir le prix des bons principes dans une femme, quoiqu'il fût peu accoutumé à réfléchir sérieusement. « J'aurai une entière confiance en elle, dit-il, et c'est là ce dont j'ai besoin. Si vous l'aviez vue ce matin, écoutant avec une douceur et une patience inaltérables toutes les demandes de sa tante, travaillant avec elle et pour elle, achevant ensuite une note pour le service de cette femme stupide, et tout cela fait avec une douceur sans prétention, comme si elle ne devait jamais avoir un moment à sa disposition; ses cheveux si bien arrangés, comme ils le sont toujours; une boucle de sa chevelure tombant en avant pendant qu'elle écrivait, et que de temps en temps elle rejetait en arrière ; et au milieu de tout cela, me parlant quelquefois, et m'écoutant comme si elle avait pris plaisir à m'entendre.... ; si vous l'aviez vue ainsi, Marie, vous auriez pensé que son pouvoir sur mon cœur ne peut jamais cesser ! »

« Mon cher Henri, s'écria Marie en riant, que je suis aise de vous voir ainsi épris ! Cela me charme. Mais que diront madame Rushworth et Julia ? »

« Peu m'importe. Elles verront quel est le genre de femme qui peut attacher un homme de bon sens. Elles verront leur cousine traitée comme elle devait l'être, et je désire qu'elles soient véritablement honteuses de leur indifférence et de leur dureté. Elles seront irritées, ajouta-t-il après un moment de silence, et d'un ton plus rassis : Madame Rushworth sera très-irritée; mais le premier moment passé, tout sera oublié, car je ne crois pas que ses sentimens soient plus durables que ceux des autres femmes, bien que j'en aie été l'objet. Oui, Marie, ma Fanny éprouvera à chaque instant une différence dans la conduite de toutes les personnes qui l'entourent aujourd'hui; et ce sera pour moi le comble du bonheur d'être l'auteur de ce changement. Maintenant elle est dépendante, sans espérances, sans amis, négligée, oubliée. »

« Elle n'est pas oubliée par tous, Henri; elle n'est pas sans amis. Son cousin Edmond ne l'oublie jamais. »

« Edmond ! oui, je crois que, généralement parlant, il a de la bonté pour elle. Il en est de même aussi de sir Thomas, mais à la manière d'un oncle riche, qui sent sa supériorité et qui est arbitraire. Mais ce que peuvent faire sir Thomas et Edmond réunis pour le bonheur de Fanny, et pour son rang dans le monde, n'est rien, comparé à ce que je ferai pour elle. »

CHAPITRE IV.

Henri Crawford retourna le lendemain matin à Mansfield, à une heure où les visites ne se font pas ordinairement. Les deux dames étaient dans le salon du déjeuner, et heureusement pour lui, lady Bertram était sur le point d'en sortir comme il y entra. Après l'avoir reçu avec politesse, elle dit à un de ses domestiques de faire prévenir sir Thomas, et sortit.

Henri, sans perdre un moment, se tourna vers Fanny, et tirant des lettres de sa poche, il lui dit avec un regard très-animé : « Je suis bien heureux de me trouver seul avec vous, mademoiselle; je l'ai désiré plus que vous ne pouvez l'imaginer. Comme je sais avec quelle tendresse vous aimez votre frère, j'aurais été on ne peut plus contrarié que quelque autre personne vous eût donné la connaissance des nouvelles dont je suis porteur. Il est.... votre frère est lieutenant. J'ai la satisfaction infinie de vous féliciter sur la promotion de votre frère. Voici les lettres qui me l'annoncent. Je viens de les recevoir à l'instant. Vous aimerez peut-être à les voir. »

Fanny ne pouvait parler; mais elle n'en avait pas besoin pour faire connaître ses sentimens : il suffisait de voir l'expression de ses yeux, les nuances de ses joues, le développement de sa sensibilité, son doute, sa confusion, sa félicité. Elle prit les lettres que Henri Crawford lui présentait. La première était de l'amiral : il informait son neveu, en peu de mots, qu'il avait réussi dans la promotion du jeune Price. La seconde était du secrétaire du premier Lord à un ami que l'amiral avait employé pour cette affaire ; elle disait que sa seigneurie avait été charmée d'avoir une occasion de montrer sa considération pour l'amiral Crawford, et que la nomination de M. William Price, comme second lieutenant sur le sloop de Sa Majesté, la *Grive*, avait causé de la joie à un grand nombre de personnes distinguées.

Pendant que Fanny tenait ces lettres d'une main tremblante, et que son cœur était livré à la plus douce émotion, Crawford continua ainsi, pour exprimer l'intérêt qu'il avait dans cet évènement :

« Je ne parlerai point de mon propre bonheur, quelque grand qu'il soit ; je ne pense qu'au vôtre. En se comparant à vous, qui a le droit d'être heureux? Je me reprochais presque de savoir avant vous ce que vous aviez le droit de connaître avant tout le monde. Mais je n'ai pas perdu un seul moment. Je ne puis vous dire combien j'étais impatient de vous apporter cette nouvelle, et combien j'ai été contrarié de n'avoir pu terminer cette affaire pendant que j'étais à Londres. Mon oncle, qui est le meilleur homme du monde, s'est conduit comme je savais qu'il le ferait après avoir vu M. votre frère. Je n'ai pas voulu vous dire hier toutes les louanges que l'amiral lui donnait, je voulais attendre qu'il fût prouvé que ces louanges venaient d'un ami. Maintenant je puis dire que l'on ne peut inspirer plus d'intérêt que William Price n'en a excité dans le cœur de mon oncle après la soirée qu'ils ont passée ensemble. »

« Et c'est vous qui avez fait tout cela! s'écria Fanny. O mon Dieu! que vous êtes bon! Avez-vous réellement désiré...? Je vous demande pardon, je suis hors de moi. L'amiral Crawford a daigné s'intéresser?... Comment cela a-t-il pu se faire? Je suis stupéfaite! »

Henri eut un grand plaisir à expliquer tout ce qu'il avait fait. Le but de son dernier voyage à Londres avait été d'introduire William auprès de l'amiral. Il n'avait fait part de ce projet à personne, pas même à sa sœur. Il parlait avec tant de feu de l'intérêt qu'il avait pris à cette affaire, de son *double motif*, de ses *desseins*, de ses *vœux*, que si Fanny avait été capable de lui prêter attention, elle n'aurait pu manquer de deviner son intention ; mais son cœur était si touché, et son étonnement était si grand, qu'elle ne l'écoutait qu'imparfaitement, et disait seulement quand il s'arrêtait : « Que vous avez de bonté ! Oh ! M. Crawford, nous vous avons des obligations infinies. Cher William ! cher William ! » Elle se leva de son siége en s'écriant : « Je veux aller trouver mon oncle. Mon oncle doit apprendre cette nouvelle le plus tôt possible. » Mais Crawford ne le lui permit pas, l'occasion était trop favorable et son amour trop impatient.

Il la suivit en la priant de rester et de lui accorder encore cinq minutes; et l'ayant prise par la main, il la reconduisit à sa chaise. Il était déjà au milieu de sa déclaration, qu'elle ne soupçonnait pas pourquoi il la retenait; mais lorsqu'elle fut forcée enfin de le comprendre en lui entendant dire qu'elle avait excité dans son cœur des sentimens qu'il n'avait point encore connus, et que ce qu'il avait fait pour William devait être attribué à son attachement sans égal pour elle, elle fut dans le plus extrême embarras, et pendant quelques momens, incapable de parler. Elle considérait cela comme une folie, comme une simple galanterie qui n'avait aucune signification. Elle trouvait cependant que c'était agir avec elle d'une manière qui n'était pas convenable, et qu'elle n'avait pas méritée. Mais cela se trouvait dans le caractère de Crawford, et c'était une scène comme elle lui en avait vu jouer déjà. Cependant comme son cœur était plein de joie et de reconnaissance à cause de William, elle ne pouvait éprouver de ressentiment d'une chose qui ne regardait qu'elle; et après avoir retiré deux fois sa main et essayé en vain deux fois de s'éloigner, elle dit seulement avec beaucoup d'agitation : « Cessez, je vous en prie, M. Crawford! cessez! Ce langage me déplaît infiniment. Je veux me retirer. Je ne puis écouter ces discours-là. » Mais il continuait à lui peindre son affection, à solliciter la sienne en retour, et enfin en mots clairs et précis, il la pria d'accepter sa main et sa fortune. Il l'avait dit; cela était positif. L'étonnement et la confusion de Fanny augmentèrent, et quoiqu'elle ne sût pas encore comment supposer qu'il parlât sérieusement, elle pouvait à peine demeurer assise. Il la pressa de lui répondre.

« Non, non, non! s'écria-t-elle en cachant son visage. Tout cela est une extravagance. Ne m'affligez pas. Je ne puis supporter ce langage. Votre bonté pour William m'inspire une reconnaissance que je ne saurais vous exprimer. Mais je ne puis, je ne dois point écouter de telles.... Non, non! ne pensez pas à moi. Mais vous ne pensez pas à moi; je sais que tout cela ne signifie rien. »

Elle s'était éloignée de lui. Sir Thomas se fit entendre; il n'y avait plus moyen de la retenir. Elle sortit par une porte opposée à celle que son oncle allait ouvrir, et elle était déjà à se promener çà et là dans la chambre de l'Est, avant que sir Thomas eût encore appris le commencement de la nouvelle agréable que M. Crawford venait lui apporter.

Fanny était agitée par une foule de sentimens contraires. Elle était affligée, heureuse, reconnaissante et irritée. Elle ne pouvait croire à la sincérité de Crawford, il lui paraissait inexcusable, incompréhensible. Mais telle était son habitude, pensait-elle, qu'il ne pouvait rien faire qu'il n'y mêlât du mal. Il l'avait d'abord rendue la plus heureuse des créatures, et ensuite il l'avait insultée; car elle ne savait comment classer ce qu'il lui avait dit.

Mais William était lieutenant.

Cela était un fait positif. Elle ne voulait penser qu'à cela, elle voulait oublier tout le reste. M. Crawford ne s'adresserait sans doute plus à elle. Il devait avoir vu combien il lui avait déplu ; et dans ce cas, elle lui accorderait la plus vive reconnaissance à cause de son amitié pour William.

Elle ne bougea pas de la chambre de l'Est, jusqu'à ce qu'elle pût penser que M. Crawford fût parti, et après s'en être assurée, elle descendit auprès de son oncle, et se livra toute entière à la joie que lui causait l'avancement de William. Sir Thomas en était aussi satisfait qu'elle-même ; leur conversation fut extrêmement agréable pour Fanny, jusqu'au moment où elle entendit dire que M. Crawford avait été engagé à venir dîner ce jour-là même.

Elle s'efforça de se composer et de paraître dans son état ordinaire, lorsque l'heure du dîner approcha : mais elle ne put s'empêcher de témoigner beaucoup de froideur quand M. Crawford entra dans l'appartement.

Il fut bientôt tout auprès d'elle. Il avait à lui remettre un billet de sa sœur. Fanny ne pouvait prendre sur elle de le regarder, mais elle trouvait qu'il n'y avait dans sa voix aucune trace de son extravagance passée. Elle ouvrit le billet aussitôt, charmée d'avoir quelque chose à faire, et heureuse de penser que l'intervention de sa tante Norris, qui dînait aussi à Mansfield, la mettrait à l'abri d'une conversation particulière avec M. Crawford. Elle lut :

« Ma chère Fanny, car c'est ainsi

« que je puis vous appeler toujours « désormais, ce qui me plaît d'autant plus, que depuis six semaines « ma bouche se faisait un scrupule « de prononcer *miss Price*, je ne « puis laisser partir mon frère sans « vous envoyer par lui quelques li« gnes de félicitation, et sans vous « assurer de mon joyeux consente« ment. Soyez sans craintes, ma « chère Fanny, il ne peut se pré« senter de difficultés qui méritent « qu'on s'y arrête. Je suppose que « l'assurance de mon consentement « sera quelque chose ; ainsi vous « pourrez diriger cet après-midi « quelques-uns de vos doux sou« rires sur mon frère, et me le ren« voyer encore plus heureux que « lorsqu'il est parti. »

Votre affectionnée, M. C.

Fanny, d'après ce billet, ne sut que faire ou que penser; elle voyait de la perplexité et de l'agitation de toute manière; toutes les fois que M. Crawford lui adressait la parole, et cela arrivait souvent, elle était embarrassée : pendant tout le dîner, elle évita de tourner ses regards du côté où il se trouvait, mais elle s'apercevait que les siens étaient toujours dirigés vers elle.

Il lui semblait que lady Bertram restait à table plus long-temps qu'elle ne l'eût jamais fait; enfin les dames passèrent dans le salon, et pendant que lady Bertram et madame Norris s'entretenaient de l'avancement de William, dans le style qui leur était habituel, elle put se livrer à ses réflexions. Elle se demandait comment elle aurait pu exciter un attachement sérieux dans un homme qui avait été si répandu dans le monde, qui semblait être si léger, si insouciant, si insensible sur tous les points ? et ensuite comment sa sœur, avec les notions orgueilleuses et mondaines qu'elle avait sur le mariage, se prêterait à servir aucune chose sérieuse sur cette matière, avec de telles circonstances? Rien ne lui paraissait moins naturel : elle était honteuse d'avoir même des doutes à cet égard. Un attachement sérieux de la part de Crawford, lui paraissait être aussi impossible qu'une approbation sérieuse de la part de sa sœur. Elle s'était entièrement convaincue de cette impossibilité, avant que sir Thomas et M. Crawford eussent rejoint les dames. Il lui fut plus difficile de rester dans cette conviction, après que M. Crawford fut dans le salon ; car une ou deux fois elle rencontra ses regards, et ils avaient une expression que, dans tout autre individu, elle aurait pensé devoir témoigner une vive affection. Mais elle crut que ces regards ressemblaient à ceux qu'il avait adressés à ses cousines et à cinquante autres femmes.

Elle évita de lui parler, quoique pendant toute la soirée il parût en chercher l'occasion ; enfin, il se disposa à se retirer, quoiqu'il ne fût pas très-tard. Fanny s'en réjouit ; mais ce sentiment dura peu, car un moment après M. Crawford se tournant vers elle, lui dit : « N'avez-vous rien à envoyer à Marie ? N'avez-vous aucune réponse à faire à son billet? Elle sera fâchée si elle ne reçoit rien de vous. Je vous en prie, écrivez-lui, ne fût-ce qu'une ligne. »

« Oh! oui, certainement, s'écria Fanny, se levant avec empressement pour échapper à la gêne qu'elle éprouvait. Je vais écrire tout de suite. »

Elle se plaça à la table où elle écrivait ordinairement pour sa tante. Elle prépara ses matériaux sans savoir ce qu'elle devait écrire; elle n'avait lu qu'une fois le billet de miss Crawford, et cependant il fallait y répondre à l'instant, si elle ne voulait pas paraître avoir quelques intentions. Elle écrivit donc d'une main mal assurée : « Je vous suis très-obligée, ma chère miss Crawford, pour vos obligeantes félicitations sur ce qui concerne mon cher William. Je sais que le reste de votre billet n'est qu'un jeu; je suis si peu faite à ces sortes de choses, que j'espère que vous m'excuserez si je vous prie de n'en plus faire mention. J'ai vu trop souvent M. Crawford, pour ne pas comprendre ce que ses manières signifient; s'il me comprenait aussi bien, je crois qu'il se conduirait différemment. Je ne sais pas ce que j'écris, mais je regarderais comme une grande faveur que ce sujet ne fût jamais rappelé. Je vous remercie de l'honneur de votre billet, et je suis, ma chère miss Crawford, etc. etc. »

La conclusion était à peine lisible, car Fanny s'était aperçue que M. Crawford, sous le prétexte de recevoir son billet, s'approchait d'elle.

« Je ne veux pas vous troubler, lui dit-il à demi-voix, s'apercevant de l'empressement qu'elle mettait à finir son billet. Vous ne pouvez penser que ce soit là mon projet. Ne vous pressez pas, jé vous en prie! »

« Oh! je vous remercie; j'ai fini. Le voilà prêt..... Je vous suis très-obligée....., si vous voulez avoir la bonté de donner cela à miss Crawford. »

Aussitôt que M. Crawford eut pris le billet, Fanny alla se placer auprès des autres personnes qui étaient devant le feu; de sorte qu'il fut obligé de se retirer sans avoir pu lui parler.

Fanny pensa qu'elle n'avait jamais éprouvé un jour d'une aussi grande agitation, soit de peine, soit de plaisir. Mais heureusement le plaisir n'était pas de nature à finir avec le jour, puisque l'avancement de William se rappellerait sans cesse à sa pensée. Quant à la peine, elle espérait qu'elle ne reviendrait plus. Elle ne doutait point que son billet ne fût trouvé très-mal écrit; mais du moins il assurerait le frère et la sœur qu'elle n'avait été ni trompée ni satisfaite par les attentions de M. Crawford.

CHAPITRE V.

Fanny n'avait nullement oublié M. Crawford, lorsqu'elle s'éveilla le matin suivant; mais elle se rappelait l'objet du billet qu'elle avait écrit, et elle était impatiente de voir cet objet rempli. Si M. Crawford voulait partir !... C'était-là ce qu'elle désirait le plus ardemment..., partir et emmener sa sœur avec lui comme il devait le faire, n'étant revenu à Mansfield qu'à cause de cela !... elle ne pouvait deviner pourquoi ce départ n'avait pas déjà eu lieu, car miss Crawford n'avait aucune raison pour le différer. Fanny avait espéré que, dans la visite de la veille, le jour de ce départ aurait été nommé;

mais Crawford avait seulement parlé de leur voyage comme devant avoir lieu sous peu.

Après avoir eu la conviction que son billet était parvenu à son adresse, Fanny ne put qu'être très-surprise d'apercevoir par hasard M. Crawford qui venait de nouveau au château, et à une heûre aussi peu avancée que la veille. Il ne pouvait venir pour elle, mais elle devait éviter autant que possible de le rencontrer; et comme elle se trouvait dans les appartemens supérieurs, elle résolut d'y rester pendant tout le temps que durerait sa visite, à moins qu'on ne l'envoyât chercher; et comme madame Norris était encore au château, il n'y avait pas apparence qu'elle fût appelée.

Elle resta pendant quelque temps

écoutant avec agitation si quelqu'un venait la chercher ; mais comme personne n'approchait de la chambre de l'Est, elle se remit peu à peu, s'assit et s'occupa, espérant que M. Crawford partirait sans qu'elle fût pour rien dans l'objet de sa visite.

Près d'une heure s'était écoulée, et Fanny était entièrement tranquille quand elle entendit tout à coup le bruit des pas de quelqu'un qui s'avançait du côté de l'appartement où elle se trouvait. C'était une marche pesante, une marche extraordinaire dans cette partie de la maison ; c'était celle de son oncle. Elle la reconnut aussi bien que sa voix. Elle avait tremblé souvent lorsqu'elle l'avait entendue, et elle commença à trembler de nouveau, par l'idée qu'il venait pour lui parler, quelque fût son objet. C'était en effet sir Thomas; il ouvrit la porte et demanda s'il pouvait entrer. Fanny éprouvait l'effroi que lui causaient autrefois ses visites, lorsqu'il venait l'examiner sur les langues française et anglaise.

Elle était cependant pleine d'attentions pour son oncle, en plaçant une chaise pour lui, et en s'efforçant de paraître honorée de sa visite. Dans son agitation, elle avait oublié ce qui manquait à son appartement, jusqu'à ce que sir Thomas dit avec surprise : « Pourquoi n'avez-vous pas de feu aujourd'hui ? »

La neige couvrait la terre; Fanny était enveloppée dans un schall. Elle hésita à répondre.

« Je n'ai pas froid, mon oncle... Je ne reste jamais ici long-temps dans cette saison. »

« Mais vous avez du feu ordinairement ? »

« Non, mon oncle. »

« Comment cela se fait-il ? il faut qu'il y ait quelque méprise ; j'ai entendu que vous eussiez cet appartement pour qu'il vous fût entièrement agréable. Je sais que vous ne pouvez avoir de feu dans votre chambre à coucher. Il y a quelque erreur qui doit être rectifiée ; vous ne devez point rester ainsi : votre tante ignore cela sans doute ? »

Fanny aurait préféré garder le silence ; mais étant obligée de parler, elle ne put s'empêcher, pour rendre justice à la tante qu'elle aimait le mieux, de proférer quelques mots dans lesquels on ne pouvait distinguer que ceux de « ma tante Norris. »

« J'entends ! dit son oncle en l'interrompant ; votre tante Norris a toujours été de l'opinion que les jeunes gens devaient être élevés sans mollesse. Elle peut avoir raison, mais il doit y avoir de la modération en tout : j'ai trop bonne opinion de vous, Fanny, pour supposer que cette conduite vous inspire du ressentiment. Mais laissons ce sujet; asseyez-vous, ma chère, il faut que je vous parle pendant quelques minutes : je ne vous retiendrai pas long-temps. »

Fanny s'assit, les yeux baissés, et rougissant. Après un moment de silence, sir Thomas commença : « Vous ne savez peut-être pas que j'ai reçu une visite ce matin.... A l'issue du déjeûner, M. Crawford est venu me trouver dans ma propre chambre : vous devinez peut-être pourquoi? »

La rougeur de Fanny augmentait toujours; et son oncle, s'apercevant qu'elle éprouvait un embarras qui la mettait hors d'état de parler ou de le regarder, détourna ses regards, et, sans aucune autre pause, raconta la visite de M. Crawford.

Celui-ci, dans cette visite, s'était déclaré l'amant de Fanny, avait demandé sa main et sollicité le consentement de l'oncle qui paraissait remplacer le père de Fanny. Il avait fait cette demande d'une manière si convenable, si franche, si libérale, que sir Thomas prenait un véritable plaisir à détailler les particularités de cette conversation, et ne doutait point que sa nièce n'en eût encore plus que lui à l'écouter. Il parla pendant plusieurs minutes sans que Fanny osât l'interrompre. A peine aurait-elle désiré de le faire : son esprit était dans une trop grande confusion. Elle avait changé de position, et, les yeux fixés sur l'une des croisées, elle écoutait son oncle dans le plus grand trouble; il cessa pendant un moment de parler. Elle s'en était à peine aperçue, lorsque se levant, il lui dit : « Maintenant, Fanny, ayant rempli une partie de ma commission, et vous ayant montré chaque chose placée sur la base la plus solide et la plus satisfaisante, je puis exécuter l'autre en vous engageant à m'accompagner dans le salon; M. Crawford vous y attend. »

Fanny, en entendant cela, fit une exclamation, et tressaillit de manière à étonner sir Thomas; mais la surprise de celui-ci augmenta au dernier degré, en l'entendant s'écrier : « Oh ! non, mon oncle, je ne puis ; vraiment, je ne puis descendre pour me trouver avec lui. M. Crawford devrait savoir.... il sait que.... je lui en ai dit assez hier pour le convaincre..... Il m'a parlé hier sur ce sujet, et je lui ai dit sans déguisement qu'il ne m'était nullement agréable, et qu'il était hors de mon pouvoir de répondre à sa bonne opinion. »

« Je ne saisis pas bien ce que vous voulez dire, répondit sir Thomas en s'asseyant de nouveau. Il est hors de votre pouvoir de répondre à sa bonne opinion ! Qu'est-ce que cela signifie ? Je sais qu'il vous a parlé hier, et autant que j'ai pu le comprendre, qu'il a reçu les encouragemens qu'une jeune personne bien élevée peut se permettre de donner. J'ai été très-satisfait de votre conduite en cette occasion ; elle a montré une discrétion très-recommandable de votre part; mais à présent qu'il fait sa demande d'une manière si convenable, quels peuvent être vos scrupules ? »

« Vous êtes dans l'erreur, mon oncle, s'écria Fanny, contrainte par son anxiété d'oser dire à son oncle qu'il se trompait. Comment M. Crawford peut-il parler ainsi ? je ne lui ai donné hier aucun encouragement : au contraire, je lui ai dit.... je ne puis pas me rappeler mes propres expressions... ; mais je suis certaine de lui avoir dit que je ne voulais pas l'écouter, qu'il me déplaisait à tous égards, et que je le priais de ne jamais me parler de cette manière. Je suis sûre de lui avoir dit cela, et je lui en aurais dit davantage, si j'avais pu penser qu'il parlât sérieusement; mais il n'est pas vraisemblable que cela soit. J'ai pensé que tout cela ne signifierait rien avec lui. »

Elle ne put continuer, elle était hors d'haleine.

« Dois-je comprendre, dit sir Thomas après un moment de silence, que votre intention soit de refuser la main de M. Crawford? »

« Oui, mon oncle. »

« Le refuser! lui? »

« Oui, mon oncle. »

« Refuser M. Crawford! Pour quelle raison? sous quel prétexte? »

« Je.... je ne puis l'aimer assez, mon oncle, pour l'épouser. »

« Cela est bien étrange! dit sir

Thomas avec le ton d'un déplaisir calme. Il y a quelque chose là-dedans que je ne puis comprendre. Un jeune homme désire vous adresser ses vœux, avec une foule de titres pour le recommander. Il a non seulement le rang, la fortune, le nom, mais il possède des agrémens plus qu'ordinaires. Son amabilité, sa conversation plaisent à tout le monde. Ce n'est pas une connaissance d'aujourd'hui ; il y a déjà quelque temps qu'il vous fréquente. Sa sœur est votre intime amie. Ce qu'il a fait pour votre frère lui suffirait pour vous le rendre agréable, quand bien même il n'aurait pas eu d'autres titres. »

« Oui, » dit Fanny d'une voix faible ; et elle avait presque honte d'elle-même de ce qu'après le tableau que son oncle venait de faire, elle n'eût aucune affection pour M. Crawford.

« Vous avez dû vous apercevoir des attentions particulières de M. Crawford pour vous depuis quelque temps ; vous ne pouvez être tout à fait surprise ; et quoique vous ayez toujours reçu ses civilités très-convenablement, il n'a jamais paru qu'elles vous déplussent. Je suis presque disposé à penser, Fanny, que vous ne connaissez pas bien vos propres sentimens. »

« Oh ! je vous demande pardon, mon oncle ; ses attentions pour moi ont toujours été quelque chose que je n'aimais pas. »

Sir Thomas la regarda avec la plus grande surprise.

« Cela me surpasse, dit-il ; cela

demande une explication. Jeune comme vous l'êtes, et ayant à peine vu quelques personnes, il n'est guère possible que vos affections... »

Il attacha ses regards sur elle. Il vit ses lèvres indiquer le mot *non*, quoique le son fût inarticulé; mais son visage était couvert de la plus vive rougeur. Dans une fille modeste, ce signe pouvait très-bien indiquer l'innocence; et sir Thomas préférant de paraître satisfait, ajouta promptement : « Non, non, je sais que cela est tout à fait hors de la question, tout à fait impossible. Bien; il n'y a plus rien à dire. » Et pendant quelques minutes, il garda le silence. Il était pensif; sa nièce pensait aussi, et cherchait à se préparer contre de nouvelles questions. Elle serait plutôt morte que d'avouer la vérité ; elle espérait, par un peu de réflexion, se fortifier assez pour ne pas la découvrir.

Sir Thomas reprit : « Indépendamment de l'intérêt que le choix de M. Crawford paraissait justifier, son désir de se marier de bonne heure me plaît. Je suis partisan des mariages précoces. Je voudrais que tout jeune homme ayant une fortune suffisante, se mariât à vingt-quatre ans. Cela est tellement mon opinion, que je suis fâché de voir que mon fils aîné, votre cousin, M. Bertram, ne paraisse pas désirer de se marier. Je voudrais qu'il fût plus disposé à se fixer. » Ici sir Bertram jeta un coup-d'œil sur Fanny. « Je crois qu'Edmond est plus disposé à se marier de bonne heure que son frère. J'ai dernièrement pensé qu'il avait vu la femme qu'il pouvait aimer; ce qui n'a pas eu lieu à l'égard de son frère aîné. Ne croyez-vous pas cela comme moi, ma chère? »

« Oui, mon oncle. »

Cela fut dit doucement, mais avec calme, et sir Thomas fut tranquille sur le compte des deux cousins. Sa nièce ne s'en trouva pas mieux; le déplaisir qu'il éprouvait augmenta par l'idée que Fanny n'avait point de raison à donner de son refus. Il se leva et se promena dans la chambre avec un front sévère; et bientôt après, il dit avec une voix d'autorité: « Avez-vous quelque raison de mal penser du caractère de M. Crawford? »

« Non, mon oncle. »

Elle avait le désir d'ajouter: « Mais j'en ai de douter de ses principes. »

Son cœur s'effraya d'entrer dans une discussion qu'elle ne pourrait peut-être pas soutenir par des preuves convaincantes. La mauvaise opinion qu'elle avait de lui, était fondée principalement sur des observations relatives à ses cousines, et qu'elle n'aurait osé mentionner à leur père. Maria et Julia, et sur-tout Maria, étaient tellement impliquées dans la conduite que Fanny reprochait à M. Crawford, qu'elle ne pouvait dépeindre son caractère tel qu'elle se le représentait, sans nuire à ses cousines. Elle avait cru qu'avec un homme aussi sensé que son oncle, il aurait suffi de ne pas paraître disposée à contracter cette union; elle s'apercevait avec un grand chagrin qu'il n'en était point ainsi.

Sir Thomas vint vers la table auprès de laquelle elle était assise, et dit avec froideur et gravité : « Je vois qu'il est inutile de vous parler. J'aurais mieux fait d'abréger cette désagréable conférence. M. Crawford ne doit point attendre aussi longtemps. J'ajouterai donc seulement, comme pensant qu'il est de mon devoir de vous témoigner mon opinion sur votre conduite, que vous avez trompé mon attente, et que vous avez montré un caractère tout à fait contraire à celui que je vous supposais. Car, Fanny, j'avais conçu une très-favorable opinion de vous depuis mon retour en Angleterre. Je vous avais jugée particulièrement exempte d'opiniâtreté, d'amour-propre, et de cette tendance à l'indépendance d'esprit qui règne si fréquemment de nos jours parmi les jeunes personnes, et qui est répréhensible au-delà de toute expression. Mais vous avez montrée en cette occasion que vous êtes volontaire et d'un mauvais naturel; que vous voulez décider par vous-même sans aucune considération ni déférence pour des personnes qui ont assurément quelques droits de vous guider, sans même leur demander leur avis. Vous vous êtes montrée extrêmement différente de ce que j'avais imaginé que vous étiez. Les avantages ou les désavantages de votre famille, de vos parens, de vos frères et sœurs, semblent n'avoir pas occupé un seul moment votre pensée en cette occasion. La joie qu'ils auraient ressentie de cet établissement, ainsi que l'utilité qu'ils en auraient retirée, ne sont rien pour vous. Vous ne pensez qu'à vous-même; et parce que vous n'éprouvez peut-être pas pour M. Crawford ce que les imaginations jeunes et vives croient être nécessaire pour le bonheur, vous vous décidez à le refuser brusquement, sans même demander un seul instant pour réfléchir sur cet objet; et dans un accès de folie, vous rejetez l'occasion d'être placée dans le monde dans un rang honorable, occasion que vous ne retrouverez plus. Un jeune homme d'esprit ayant les manières les plus aimables et les plus distinguées, éprouvant pour vous un extrême attachement, demande votre main avec le plus noble désintéressement; soyez certaine, Fanny, que vous pouvez vivre dix-huit ans de plus dans le monde, sans être recherchée par un homme qui ait la moitié de la fortune de M. Crawford et la dixième partie de son mérite. Je lui aurais donné bien volontiers l'une ou l'autre de mes filles. Maria est convenablement mariée; mais si M. Crawford avait recherchée la main de Julia, je la lui aurais donnée avec plus de satisfaction que je n'ai donnée celle de Maria à M. Rushworth. » Il s'arrêta un moment, et continua : « Et si l'une de mes filles, en recevant la proposition d'un pareil mariage, m'eût répondu par un *non* décidé, sans avoir égard à mon opinion, j'aurais été très-étonné et très-choqué d'un pareil procédé. Je l'aurais regardé comme une grande violation de leur devoir et de leur respect envers moi. Vous ne devez pas être jugée par les mêmes règles; vous n'avez pas à remplir envers moi les devoirs d'un enfant ; mais, Fanny, si votre cœur peut vous affranchir de l'ingratitude.... »

Il cessa de parler ; Fanny pleurait en ce moment si amèrement, qu'il ne crut pas devoir insister davantage sur cet article. Le cœur de Fanny était brisé par la peinture qui venait d'être faite d'elle-même, et par les accusations qui s'étaient élevées contr'elle avec une effrayante gradation. Volontaire, opiniâtre, personnelle et ingrate ! Elle croyait qu'elle avait tous ces défauts en effet. Elle avait trompé l'attente de son oncle ; elle avait perdu sa bonne opinion. Qu'allait-elle devenir ?

« Je suis bien fâchée, dit-elle en mots inarticulés, et au milieu de ses larmes ; je suis bien fâchée, vraiment. »

« Fâchée ! oui vous devez l'être, et vous aurez probablement sujet de l'être long-temps pour ce qui se passe aujourd'hui. »

« S'il était possible pour moi d'agir autrement, dit-elle avec un autre effort ; mais je suis entièrement convaincue que je ne pourrais jamais le rendre heureux, et que je serais moi-même malheureuse. »

Un nouveau torrent de larmes s'échappa de ses yeux ; mais, malgré ce grand mot de *malheureuse* qui venait de les précéder, sir Thomas commença à penser qu'il y avait un peu de repentir, un peu de changement dans l'inclination de Fanny, dont on pourrait tirer parti, et que les soins que le jeune homme prendrait par lui-même, pourraient toucher son cœur. Il savait qu'elle était très-timide et extrêmement sensible ; il lui parut assez probable qu'avec un peu de temps, un peu de patience, un peu d'instance et un peu de vivacité employée à propos, on pourrait avoir du succès. Sir Thomas commença donc à espérer, et ces réflexions ayant calmé et réjoui son esprit, il dit avec un ton assez grave, mais dans lequel il y avait moins d'irritation : « Bien, mon enfant ! séchez, vos larmes, elles sont inutiles ici ; elles ne peuvent faire aucun bien : il faut que vous descendiez avec moi. M. Crawford a attendu assez longtemps. Il faut que vous lui donniez vous-même votre réponse : il ne peut exiger moins. Vous seule pouvez lui expliquer comment il s'est trompé, malheureusement pour lui, sur vos sentimens. Je ne puis rien faire par moi dans cette explication.»

Mais Fanny montra une telle répugnance, une telle douleur à cette proposition, que sir Thomas, après un moment de réflexion, jugea qu'il valait mieux ne pas insister. Les pleurs que Fanny venait de répandre avaient altéré ses traits, et, malgré les avantages qu'il s'était promis de l'entrevue de Crawford et de Fanny, il crut qu'il était prudent de la différer. Après quelques mots il se retira, et laissa sa nièce s'affliger sur ce qui venait de se passer.

L'eprit de Fanny était bouleversé; le passé, le présent, l'avenir ne se représentaient à sa pensée qu'avec les couleurs les plus sombres. Mais le mécontentement de son oncle était ce qui l'affligeait le plus. Il l'avait nommée égoïste, ingrate; elle était malheureuse pour toujours. Elle n'avait personne de qui elle pût prendre l'avis. Le seul ami qu'elle eût était absent. Il aurait pu adoucir son père; mais peut-être Edmond lui-même l'aurait-il trouvée égoïste et ingrate. Elle ne pouvait éprouver que du ressentiment contre M. Crawford; cependant s'il l'aimait véritablement, s'il était malheureux aussi!... elle ne voyait de tout côté que sujet d'affliction.

Au bout d'un quart-d'heure son oncle revint. Elle fut près de s'évanouir quand elle l'aperçut. Il lui parla avec calme, sans sévérité, sans lui faire de reproches; cela la ranima un peu. Les paroles qu'il lui adressa la soulagèrent, car il commença en disant : « M. Crawford est parti : il vient de me quitter. Je n'ai pas besoin de vous répéter ce qui a eu lieu. Je me bornerai à vous dire qu'il s'est conduit de la manière la plus délicate, et il a confirmé l'opinion que j'avais de la bonté de son cœur et de son caractère. Aussitôt que je lui ai dit que vous étiez incommodée, il a cessé de demander à vous voir pour le moment. »

Fanny, qui avait levé ses yeux sur son oncle, les baissa de nouveau à ces dernières paroles. Sir Thomas continua : « Il est à présumer qu'il demandera à vous entretenir seule, ne fût-ce que pour cinq minutes ; cette demande est trop juste, trop naturelle pour qu'elle lui soit refusée : mais il n'y a pas de temps déterminé pour cela. Ce sera peut-être demain, ou quand vous aurez repris vos esprits. Pour le moment, vous avez seulement à vous tranquilliser. Séchez vos larmes, elles ne font que vous épuiser. Sortez un moment; la promenade vous fera du bien. La serre est à votre disposition, et c'est le lieu où vous pouvez prendre plus agréablement de l'exercice. Je n'ai rien dit de ce qui s'est passé; je l'ai laissé ignorer même à votre tante Bertram. Il est inutile d'augmenter le mécontentement. Gardez aussi le silence là-dessus. »

C'était un ordre auquel Fanny pouvait volontiers obéir, et en même temps un acte de bonté qui toucha son cœur. Elle éprouvait pour son oncle une vive reconnaissance de ce qu'il ne l'eût point exposée aux reproches de sa tante Norris. Elle eût préféré même voir M. Crawford, que d'avoir à supporter le mécontentement de cette tante sévère.

Elle suivit l'avis de son oncle, alla se promener, sécha ses larmes et raffermit son esprit. Elle désirait regagner son amitié. Lorsqu'elle revint dans la chambre de l'Est, la première chose qui frappa ses regards, fut un bon feu allumé dans la cheminée : cette attention la toucha.

Dans ce moment une pareille preuve d'indulgence lui parut être au-delà de tout ce qu'elle pouvait attendre. Elle s'étonnait de ce que sir Thomas eût pu se rappeler une pareille bagatelle; mais elle apprit bientôt de la femme de chambre, que cela devait avoir lieu ainsi tous les jours : sir Thomas l'avait ordonné.

« Si je pouvais être véritablement ingrate, se dit-elle à elle-même, il faudrait que j'eusse renoncé à tout sentiment. Dieu me préserve d'éprouver cette ingratitude ! »

Elle ne vit plus son oncle ni sa tante Norris jusqu'à l'heure du dîner. Les manières de son oncle avec elle furent les mêmes qu'auparavant; mais sa tante Norris la querella bientôt de ce qu'elle fût sortie sans en donner connaissance à lady Bertram. « Si j'avais su, dit-elle, que vous alliez sortir, je vous aurais envoyée chez moi avec quelques ordres pour Nanny, que j'ai été obligée d'aller porter moi-même. Vous m'auriez épargné cette peine, si vous aviez eu l'attention de me prévenir que vous alliez sortir. Il vous eût été indifférent, je crois, d'aller chez moi ou de vous promener dans la serre. »

« J'ai engagé Fanny à aller dans la serre, parce que c'est le lieu le moins humide, » dit sir Thomas.

« Oh! dit madame Norris un peu troublée ; c'est beaucoup trop de bonté de votre part. Le sentier qui conduit chez moi est aussi sec que la serre, et Fanny, en choisissant cette promenade, aurait eu l'avantage d'être de quelque utilité, et d'obliger sa tante. Mais elle aime à suivre ses volontés ; elle a un certain esprit de mystère, d'indépendance et d'étourderie auquel je l'engage à faire attention. »

Sir Thomas trouvait cette réflexion extrêmement injuste, quoiqu'il eût exprimé récemment les mêmes sentimens. Il essaya de changer la conversation; mais madame Norris continua pendant la moitié du dîner à reprocher à Fanny sa promenade particulière.

Enfin ce sujet fut épuisé. La soirée parut devoir être plus calme que le matin. L'esprit de Fanny se livra à l'espérance que le mécontentement de son oncle se dissiperait, et qu'avec la bonté dont il était doué, il finirait par sentir combien il était douloureux de se marier sans affection. Elle pensait aussi que M. Crawford retournerait bientôt à Londres, et que le séjour de la capitale le faisant promptement s'étonner de son délire, il éprouverait de la reconnaissance pour elle, de ce qu'elle lui en eût épargné les mauvaises suites.

Pendant qu'elle se livrait à ces

réflexions, son oncle, aussitôt qu'il eût pris le thé, fut appelé hors de l'appartement. Fanny remarqua à peine cette circonstance, jusqu'à ce que, dix minutes après, le domestique s'avançant précisément devant elle, lui dit : « Sir Thomas désire vous parler dans sa chambre, madame. » Elle devina alors ce que ce pouvait être, et une vive rougeur colora ses joues; mais elle se leva aussitôt pour obéir, lorsque madame Norris s'écria : « Restez! restez, Fanny! Que faites-vous? où allez-vous? Ne prenez pas tant de peine. Ce n'est pas de vous dont on a besoin : c'est moi que l'on demande (regardant le domestique); mais vous êtes toujours si empressée de vous produire! Que voulez-vous que sir Thomas ait à vous dire? N'est-ce pas moi, Baddeley, que vous voulez dire? J'y vais dans l'instant, Baddeley. Sir Thomas a besoin de moi et non de miss Price. »

Mais Baddeley répliqua positivement : « Non, madame, c'est miss Price, je suis certain que c'est miss Price. » Et il ajouta en souriant à demi : « Je ne crois pas qu'il s'agisse de vous en cette occasion. »

Madame Norris, très-mécontente, fut obligée de se remettre à son ouvrage, et Fanny, sortant avec un pressentiment de ce qui l'attendait, se trouva, une minute après, seule avec M. Crawford.

CHAPITRE VI.

L'ENTREVUE ne fut point aussi courte ni aussi décisive que Fanny l'avait projeté. M. Crawford avait toutes les dispositions à persévérer que sir Thomas pouvait lui désirer. Il avait de la vanité, et ce sentiment le portait à penser que Fanny l'aimait, ou qu'il réussirait à s'en faire aimer.

Il était amoureux, très-amoureux, et c'était une passion qui opérait sur son esprit actif, avec plus de chaleur que de délicatesse. La résistance qu'il éprouvait donnait plus d'importance à son affection, et il était déterminé à avoir la gloire autant que la félicité de forcer Fanny à l'aimer. Il ne savait pas qu'il avait à attaquer un cœur déjà engagé ; cela lui était entièrement inconnu. Il avait tant de plaisir à l'idée qu'il obligerait Fanny à l'aimer dans un court espace de temps, qu'il regrettait à peine qu'elle ne l'aimât pas dans cet instant. Une petite difficulté à renverser n'était pas un mal pour Henri Crawford. Cela dounait une nouvelle vivacité à son esprit. Il avait été habitué à s'emparer des cœurs trop facilement. Sa situation était neuve et piquante.

Quant à Fanny, qui avait pendant toute sa vie connu trop la contrariété, pour y trouver quelque charme, tout cela lui était inintelligible. Elle voyait que l'intention de M. Crawford était de persévérer, et elle ne comprenait pas comment il pouvait s'y résoudre, après la manière dont elle avait cru lui parler. Elle lui dit qu'elle ne l'aimait pas, qu'elle ne pourrait pas l'aimer, qu'elle en était certaine; qu'elle le suppliait de la quitter et de regarder cet objet comme terminé pour toujours. Il la pressa de nouveau; elle ajouta que, suivant son opinion, leurs dispositions étaient si différentes, qu'une mutuelle affection était impossible entr'eux, et qu'ils ne se convenaient nullement sous le rapport du caractère, de l'éducation et des habitudes. Elle avait dit tout cela avec la chaleur de la sincérité. Mais ce n'était pas assez, car il niait aussitôt qu'il y eût aucune incompatibilité entre leurs caractères, et il déclara positivement qu'il continuerait à l'aimer, et qu'il espérerait encore.

Fanny connaissait bien ce qu'elle voulait dire, mais elle ne pouvait juger de la manière dont elle l'exprimait. Il y avait une douceur dans ses manières, qu'elle ne pouvait abandonner, et elle ne se doutait pas combien cette douceur déguisait la sévérité de sa pensée : sa modestie, sa reconnaissance, sa bonté lui faisaient prononcer toute expression d'indifférence comme si elle lui eût été pénible à elle-même. Monsieur Crawford n'était plus le monsieur Crawford admirateur clandestin, insidieux et perfide de Maria Bertram, dans lequel elle ne pouvait supposer exister aucune bonne qualité; c'était maintenant le monsieur Crawford qui s'adressait à elle avec un amour aussi vif que désintéressé; dont les sentimens étaient honorables, dont les vues de bonheur reposaient toutes sur un mariage d'inclination; qui peignait son affection avec le langage, le ton et l'esprit d'un homme de talent, et pour compléter le tout, c'était le monsieur Crawford qui avait procuré à William son avancement.

Il s'était fait un changement dans sa position, qui ne pouvait que tourner à son avantage. Fanny l'aurait refusé avec tout le dédain d'une vertu courroucée à Sotherton, ou sur le théâtre de Mansfield; mais il se présentait en cet instant avec des droits qui demandaient un traitement différent. Elle devait être polie; elle devait être reconnaissante de l'honneur qu'il lui faisait, ainsi que de sa conduite envers son frère. Il résultait de ces divers sentimens, que Fanny mêlait à son refus tant d'expressions d'obligation et de regret, que la réalité, ou du moins l'étendue de l'indifférence de Fanny, pouvait être mise en doute par M. Crawford, et il n'était pas aussi extravagant que Fanny le jugeait être, en déclarant qu'il persévérait dans son attachement et dans ses espérances.

Ce fut avec peine qu'il lui permit de se retirer; mais en la laissant s'éloigner, il parut conserver l'espoir de gagner son affection.

Fanny ne put se défendre d'éprouver de l'irritation contre une persévérance si opiniâtre et si peu généreuse. Elle retrouvait en cela quelque chose de l'ancien M. Crawford qu'elle avait tant blâmé auparavant. Tout sentiment d'humanité était oublié dès qu'il s'agissait de sa propre satisfaction. Quand bien même le cœur de Fanny eût été libre....., comme peut-être il l'aurait dû être, il ne l'aurait jamais obtenu.

Elle était ainsi livrée à ses réflexions, assise devant son feu dans la chambre de l'Est, s'étonnant du passé, du présent, et ne voyant de positif dans l'avenir que la persuasion qu'elle n'aimerait jamais monsieur Crawford.

Sir Thomas fut obligé d'attendre jusqu'au lendemain pour connaître ce qui s'était passé entre Crawford et Fanny; il vit Crawford dans la matinée. Le premier sentiment qu'il éprouva fut un regret; il avait espéré un meilleur résultat. Il avait pensé qu'une entrevue d'une heure avec un jeune homme tel que

Crawford, aurait fait un plus grand changement dans les dispositions d'une jeune personne d'un caractère aussi doux que Fanny. Mais il trouvait une consolation dans la vive persévérance de l'amant, et sir Thomas voyant la confiance qu'il avait dans sa réussite, partagea son espérance. Il n'omit rien de ce qui pouvait seconder son plan de son côté, sous le rapport de la civilité et des témoignages d'intérêt. M. Crawford fut invité à venir à Mansfield aussi souvent qu'il le voudrait. Sir Thomas dit tout ce qui pouvait l'encourager; celui-ci reçut ces témoignages d'intérêt avec une satisfaction reconnaissante, et l'un et l'autre se séparèrent avec des sentimens de mutuelle amitié.

Sir Thomas, joyeux de voir que la

chose était mise sur un pied qui pouvait donner de l'espérance, prit la résolution de ne plus importuner sa nièce sur ce sujet, et de ne lui montrer aucune volonté précise à cet égard. Il pensait que la bonté était le meilleur moyen à employer. La patience de la famille de Fanny, sur un point qu'elle devait croire être l'objet des vœux de tous, pouvait être la voie la plus sûre pour atteindre ce but. D'après ces idées, sir Thomas saisit la première occasion qui se présenta pour dire à sa nièce avec un mélange de douceur et de gravité : « Eh bien, Fanny, j'ai vu de nouveau M. Crawford, et j'ai su de lui comment vous êtes ensemble. C'est un jeune homme très-extraordinaire ; et quelque soit l'évènement, vous devez reconnaître que vous lui avez inspiré un attachement rare : c'est véritablement du sentiment. Si son choix était moins bon, je le blâmerais de sa persévérance. »

« Mon oncle, dit Fanny, je suis très-fâchée que M. Crawford pense devoir persister. Je sais qu'il me fait grand honneur, mais je suis parfaitement convaincue, et je le lui ai dit, qu'il ne sera jamais en mon pouvoir de..... »

« Ma chère, dit sir Thomas en l'interrompant, il ne s'agit pas de cela. Vos sentimens me sont aussi bien connus, que mes vœux et mes regrets doivent l'être à vous-même. Il n'y a plus rien à dire ou à faire là-dessus. A dater de ce moment, ce sujet ne sera plus agité entre nous. Vous n'avez rien à craindre : vous ne pouvez me supposer capable de vouloir vous persuader de vous marier contre votre inclination. Votre bonheur est tout ce que je désire; et on ne demande de vous que de permettre seulement à M. Crawford d'essayer de vous convaincre que votre bonheur n'est pas incompatible avec ses vues. Je lui ai promis qu'il vous verrait comme il aurait pu le faire s'il n'était rien arrivé entre vous et lui. Il quitte ce pays-ci dans un si court délai, que vous n'aurez pas à faire souvent ce léger sacrifice; l'avenir est incertain. Et maintenant, ma chère Fanny, ce sujet est terminé entre nous. »

L'approche du départ de M. Crawford, était la seule chose qui eût fait plaisir à Fanny. Cependant, elle n'était pas insensible aux expressions amicales de son oncle, et quand elle considérait combien il ignorait la vérité, elle pensait qu'elle ne devait point s'étonner de la conduite qu'il tenait.

Malgré le silence que sir Thomas voulait garder sur ce sujet, il fut obligé de le rompre encore avec Fanny pour lui annoncer qu'il était forcé de faire part à ses tantes de la demande de M. Crawford. Il ne pouvait plus se taire là-dessus, parce que M. Crawford ne faisait aucun mystère de son amour pour Fanny; il s'en entretenait continuellement avec ses sœurs au presbytère. Sir Thomas redoutait presque autant que Fanny l'effet de cette communication à madame Norris. Mais celle-ci se conduisit autrement qu'il ne l'avait pensé. Il lui demanda d'avoir de la patience, et de garder le silence envers sa nièce. Madame Norris non-seulement le promit, mais elle l'observa. Elle se borna à regarder Fanny avec encore plus de mauvaise disposition. Elle était irritée, amèrement irritée contre Fanny, plutôt parce qu'elle avait reçu une pareille demande, que parce qu'elle l'avait refusée. C'était, suivant elle, une injure, un affront pour Julia, qui aurait dû être l'objet du choix de M. Crawford. De plus, elle haïssait Fanny, parce qu'elle l'avait négligée; elle ne pouvait voir qu'avec aversion l'élévation d'une personne qu'elle avait toujours cherché à rabaisser.

Lady Bertram prit la chose différemment. Elle avait été une beauté et une heureuse beauté pendant toute sa vie. La beauté et la richesse étaient ce qu'elle respectait le plus, et Fanny était rehaussée de beaucoup dans son opinion, parce qu'elle était demandée en mariage par un homme riche. Elle éprouvait une sorte de satisfaction à la nommer sa nièce, parce que cette demande lui donnait la conviction qu'elle était très-jolie, ce qu'elle avait à peine remarqué jusqu'alors, et qu'elle serait très-avantageusement mariée.

« Eh bien, Fanny, lui dit-elle aussitôt qu'elles furent seules, j'ai eu une très-agréable surprise ce matin. Il faut que je parle de cela une fois; je l'ai dit à sir Thomas, il faut que j'en parle une fois, et je garderai ensuite le silence. Je vous fais mon compliment, ma chère nièce; » et la regardant avec complaisance, elle ajouta : « Eh ! nous sommes certainement une belle famille ».

Fanny rougit et ne sut d'abord que dire. Elle répondit ensuite, croyant prendre sa tante par son côté faible : « Ma chère tante, vous ne pouvez sans doute désirer que j'agisse autrement que j'ai agi. Vous ne pouvez désirer que je me marie, car vous auriez besoin de moi; oui, je suis sûr que je vous manquerais. »

« Non, ma chère; d'après une pareille offre, je ne souffrirais nullement de votre absence; je consentirais volontiers à me séparer de vous si vous étiez mariée à un homme tel que M. Crawford. Vous devez sentir, Fanny, qu'il est du devoir de toute jeune personne d'accepter une offre aussi avantageuse que celle-là. »

C'était la seule fois que la tante de Fanny lui eût donné un avis pendant un espace de temps de huit années et demi. Fanny garda le silence; elle se disait que, dès l'instant où les sentimens de sa tante étaient opposés à ses désirs, il était inutile de rien espérer de son raisonnement. Lady Bertram était tout à fait en humeur de parler. « Je suis sûre, Fanny, que M. Crawford est devenu amoureux de vous au bal. Vous aviez très-bon air, tout le monde le disait; sir Thomas le disait aussi. Vous savez que je vous avais envoyé madame Chapman; oui, la chose doit avoir eu lieu ce soir-là. »

CHAPITRE VII.

Edmond eut de grandes choses à apprendre à son retour. Plusieurs surprises l'attendaient ; la première qui se présenta ne lui parut pas la moins intéressante ; ce fut d'apercevoir Henri Crawford et sa sœur qui se promenaient ensemble dans le village comme il le traversait à cheval. Il avait été absent au-delà d'une quinzaine, dans le dessein d'éviter miss Crawford. Il revenait à Mansfield dans des dispositions mélancoliques propres à l'entretenir de tendres souvenirs, et tout à coup il apercevait miss Crawford elle-même, appuyée sur le bras de son frère; il recevait la salutation la plus amicale de la femme qu'il croyait, deux momens auparavant, être éloignée de soixante dix milles, et remplie de la plus froide indifférence pour lui.

La réception qu'elle lui faisait était différente de celle sur laquelle il aurait compté, s'il se fût attendu à la voir. Comme il revenait, ayant accompli l'objet pour lequel il était parti, il s'étonnait de ce que miss Crawford le regardât d'un air de satisfaction, et ne lui adressât que des mots agréables. C'en était assez pour embrâser son cœur, et le disposer à ressentir vivement les autres joyeuses surprises qui l'attendaient.

Il sut bientôt la promotion de William avec toutes ses particularités, et cela contribua encore à augmenter sa satisfaction. Pendant le dîner; il fut d'une gaîté soutenue.

Lorsqu'il se trouva seul avec son père, à la fin du dîner, il apprit ce qui concernait Fanny, et alors il connut tous les grands évènemens qui s'étaient passés à Mansfield pendant la dernière quinzaine.

Fanny soupçonna ce dont il était question, et, lorsqu'elle reparut à l'heure du thé, elle fut on ne peut plus troublée. Edmond vint à elle, s'assit à ses côtés, et prit sa main qu'il serra affectueusement. L'émotion de Fanny en ce moment se serait manifestée, si l'occupation du thé ne lui avait donné un secours contre son agitation. Toutefois, Edmond, en agissant ainsi, ne voulait pas lui donner l'approbation et l'encouragement qu'elle espérait recevoir de lui; il ne voulait que lui exprimer la part qu'il prenait à tout ce qui l'intéressait.

Il était, dans le fait, entièrement du côté de son père sur cette question. Il avait été moins surpris que sir Thomas de ce que Fanny eût refusé Crawford, parce que, bien loin de croire qu'elle eût quelque penchant à le préférer, il avait toujours pensé le contraire, et il croyait que Fanny avait été entièrement prise à l'improviste sur ce sujet; mais sir Thomas ne pouvait trouver cette union plus désirable que ne le pensait Edmond: il espérait qu'elle finirait par avoir lieu. Crawford, selon lui, avait mis trop de précipitation dans sa manière d'agir. Il n'avait pas donné le temps à Fanny d'éprouver de l'affection pour lui; mais avec les qualités dont il était doué, et avec avec celles que Fanny possédait, Edmond pensait que tout se terminerait par une heureuse conclusion. Cependant l'embarras de Fanny était trop visible, pour qu'il risquât de l'augmenter par aucun mot ou aucun regard.

Crawford vint le jour suivant : le retour d'Edmond lui servait de prétexte, et sir Thomas crut ne pouvoir se dispenser de l'inviter à dîner. Crawford accepta, et Edmond eut occasion d'observer quel était le degré d'encouragement que Fanny lui accordait. Cela se bornait à si peu de chose, qu'Edmond était prêt de s'étonner de la persévérance de son ami. Fanny était digne de toute la constance, de toute la patience possibles; mais il pensait qu'il n'aurait pu continuer d'adresser ses voeux à aucune femme quelconque, s'il n'avait pas reçu d'elle plus d'encouragement que Fanny n'en accordait à Crawford.

Dans la soirée, il se présenta peu de circonstances qui le portassent à juger plus favorablement. Pendant qu'il se promenait dans le salon avec Crawford, sa mère et Fanny étaient assises aussi silencieuses et attentives à leur ouvrage, que si elles n'avaient rien eu autre chose à faire. Edmond ne put s'empêcher de faire une observation sur leur profonde tranquillité apparente.

« Nous n'avons pas toujours été aussi silencieuses toute la soirée, dit sa mère; Fanny m'a fait une lecture, et elle ne fait que de fermer le livre en vous entendant venir. » En effet, il y avait sur la table un volume de Shakespeare. « Elle me lit souvent de ces genres d'ouvrages, et elle était au milieu d'un très-beau discours, d'un homme.... quel est son nom, Fanny? »

Crawford prit le volume : « Accordez-moi, dit-il, le plaisir de vous achever ce discours. Je vais bientôt le trouver. » En effet, par la disposition des pages, il rencontra le morceau dont lady Bertram voulait parler. Fanny n'avait pas fait le moindre geste pour l'aider; toute son attention paraissait être absorbée par son ouvrage; elle semblait décidée à ne prendre aucun intérêt à autre chose; mais elle avait un goût trop délicat pour cela. Elle ne put rester inattentive pendant cinq minutes. Elle lisait très-bien, et elle avait un vif plaisir à entendre bien lire. Elle était habituée à en jouir, car son oncle lisait bien ainsi qu'Edmond; mais il y avait dans la manière de lire de M. Crawford une variété d'excellence qui surpassait tout ce qu'elle avait entendu jusque-là. Il savait prendre parfaitement tous les tons, peindre toutes les passions, et faisait de sa lecture une représentation dramatique.

Edmond se plaisait à observer les progrès de l'attention de Fanny, et à voir comment elle se rallentissait graduellement dans l'ouvrage qui paraissait d'abord l'occuper entièrement; comment cet ouvrage tombait de ses mains, et enfin comment ses yeux, qui avaient évité si soigneusement M. Crawford pendant toute la journée, étaient dirigés et fixés sur lui, fixés sur lui pendant plusieurs minutes, et jusqu'à ce que ceux de M. Crawford s'étant portés sur elle, le livre fut fermé et le charme rompu. Fanny, revenue à elle-même, rougit et se remit à travailler avec autant d'application qu'auparavant, mais Edmond avait conçu quelque espérance pour son ami. Il le remercia cordialement, pensant qu'il exprimait aussi les sentimens secrets de Fanny, et lui témoigna tout le plaisir qu'il avait eu à entendre lire un morceau de Shakespeare d'une manière si parfaite.

« Vous me faites honneur, répondit Crawford en s'inclinant avec une gravité railleuse. »

Les deux jeunes gens regardèrent Fanny pour voir si un mot de louange pourrait lui être arraché. Mais cette louange avait été donnée par son attention, cela devait leur suffire.

Lady Bertram exprima vivement son admiration.

« C'était vraiment comme un spectacle, dit-elle. J'aurais désiré que sir Thomas se fût trouvé-là. »

Crawford fut extrêmement satisfait; car si lady Bertram, avec sa nonchalance accoutumée, pouvait éprouver de pareils sentimens, quels ne devaient pas être ceux de sa nièce, dont l'esprit était aussi éclairé que sa sensibilité était délicate !

« Vous avez beaucoup de dispositions pour le théâtre, M. Crawford, ajouta lady Bertram; et je pense que tôt ou tard vous ferez construire un théâtre à votre château de Norfolk. »

« Oh ! ne pensez pas cela, madame! répliqua vivement Crawford. Non, non, cela ne sera jamais. Votre seigneurie s'abuse; il n'y aura point de théâtre à Everingham. » En disant cela, il regardait Fanny avec un sourire expressif, comme s'il eût voulu dire : « Fanny ne permettra point qu'il y ait un théâtre à Everingham. »

Fanny gardait toujours le silence. Les deux jeunes gens se mirent alors à parler de la manière de lire, et Crawford traita ce sujet avec autant de goût que de jugement. Edmond était on ne peut plus satisfait. Il croyait que c'était-là le moyen de gagner le cœur de Fanny.

Crawford ayant été conduit par la conversation à parler de l'éloquence de la chaire, dit : « Je n'ai jamais écouté un orateur distingué dans ce genre, sans éprouver un sentiment d'envie. Mais si je remplissais l'office de prédicateur, je voudrais que ce fût à Londres; je voudrais que mon auditoire se composât d'hommes éclairés, d'hommes capables d'apprécier mon discours. Je ne sais pas trop si je voudrais prêcher souvent. De temps en temps, peut-être une ou deux fois dans le printemps, après avoir été attendu pendant cinq à six dimanches; mais je ne voudrais pas promettre de remplir cette charge avec constance. »

Ici Fanny, qui n'avait pu s'empêcher d'écouter ce que disait Crawford, secoua la tête involontairement. Crawford fut aussitôt auprès d'elle, la suppliant de lui dire ce que ce mouvement de tête signifiait. Edmond voyant qu'il avait pris une chaise et s'était mis tout près d'elle, jugea qu'il allait faire une vive attaque, et se mit dans un coin, aussi paisiblement que possible. Il se tourna d'un autre côté, et prit un journal, en désirant sincèrement que la chère petite Fanny pût être persuadée d'expliquer son mouvement de tête d'une manière qui fût agréable à son amant.

Pendant ce temps-là, Fanny, tourmentée de ce qu'elle n'était pas restée immobile, comme elle était restée sans parler, et fâchée de voir la manière dont Edmond s'arrangeait, s'efforçait autant que la douceur de son caractère pouvait le lui permettre, de repousser M. Crawford, et d'éviter ses regards et ses questions; mais elle ne pouvait triompher de son opiniâtreté.

« Que signifie ce mouvement de tête ? lui demanda Crawford ; du blâme, je le crains. Mais de quoi ? qu'ai-je dit qui ait pu vous déplaire ? Ai-je parlé trop légèrement, trop inconsidérément de quelque sujet ? dites-le moi ! Je vous en prie, quittez un moment votre ouvrage ; dites-moi ce que voulait signifier ce mouvement de tête ? »

En vain Fanny répéta-t-elle deux ou trois fois : « Je vous prie, monsieur, de me laisser. Je vous prie, M. Crawford, de ne pas insister davantage, » Crawford gardait toujours la même position auprès d'elle, et continuait de l'interroger.

« Vous avez secoué la tête, lui dit-il, parce que j'avouais que je ne voudrais pas remplir les devoirs d'un homme d'église avec constance. Oui, c'est là le mot. Constance, ce mot là ne m'effraie en rien; je n'y trouve rien d'alarmant. Pensez-vous que je dusse m'en effrayer? »

« Peut-être, monsieur, penserais-je qu'il est dommage que vous ne vous soyez pas toujours aussi bien connu que vous semblez le faire en ce moment, » dit Fanny, forcée à la fin de parler malgré elle.

Crawford, charmé d'en avoir obtenu quelques mots, ne fut que plus résolu à continuer cette conversation; et la pauvre Fanny, qui avait espéré de lui voir garder le silence, trouva que ce n'était seulement qu'un changement de questions. Il avait toujours quelque chose à lui demander. L'occasion lui était favorable; aucune ne s'était présentée à lui qui fût aussi propice depuis son entrevue avec Fanny dans l'appartement de sir Thomas; lady Bertram se trouvant éloignée de Fanny.

« Bien, dit Crawford après une suite de questions et de réponses obtenues difficilement. Je suis plus heureux que je ne l'étais, parce que maintenant je sais plus clairement quelle est votre opinion à mon égard. Vous me croyez inconstant, aisément entraîné par le caprice du moment, aisément tenté, aisément rebuté. Avec une pareille opinion, il n'est pas étonnant que.... mais nous verrons. Je n'emploierai point de protestations, ma conduite sera mon apologie. L'absence, la distance, le temps parleront pour moi. Ils prouveront que je vous mérite, autant que vous puissiez être méritée..... Vous m'êtes infiniment supérieure en bonnes qualités, je le sais... Vous avez des vertus que je ne croyais pas exister auparavant dans aucune créature humaine. Il y a quelque chose d'angélique en vous.... Mais cette supériorité ne m'effraie pas, ce n'est pas avec une égalité de mérite que l'on peut obtenir votre affection. C'est en reconnaissant vos bonnes qualités mieux qu'aucun autre, c'est en vous aimant avec dévoûment plus que personne au monde, que l'on peut avoir des droits à être payé de retour. C'est par-là que je veux vous mériter; oui, chère et douce Fanny... Pardonnez-moi ! (voyant qu'elle se détournait avec un air de déplaisir) quel autre nom pourrais-je vous donner ? C'est à Fanny que je pense tout le jour, c'est de Fanny que se repaissent tous mes songes ; vous avez donné à ce nom une telle réalité d'attraits, que je ne connais rien qui puisse mieux vous représenter. »

Fanny n'aurait pu rester à sa même place plus long-temps, et se serait décidée à s'éloigner malgré l'opposition générale qu'elle prévoyait, si elle n'eût pas entendu le bruit d'un secours qui s'approchait, et qu'elle attendait avec impatience.

La procession solennelle de tous les ustensiles pour prendre le thé, arriva et délivra Fanny de la captivité où elle était de corps et d'esprit. M. Crawford fut obligé de se lever; Fanny se trouva en liberté, elle fut occupée et ainsi protégée.

Edmond ne fut pas fâché de pouvoir rentrer dans le cercle de ceux qui parlaient et écoutaient. Quoique la conférence qui venait d'avoir lieu lui eût paru avoir été assez longue, et que le visage de Fanny portât l'empreinte d'un peu de contrariété, il était disposé à espérer qu'un si long discours n'avait pas été tenu et écouté sans quelque avantage pour l'orateur.

CHAPITRE VIII.

Edmond avait déterminé dans son esprit que c'était entièrement à Fanny à décider si sa position avec Crawford devait être mentionnée entre elle et lui; et que si elle ne commençait pas ce sujet de conversation, il ne devait jamais en parler. Mais après un ou deux jours d'une réserve mutuelle, il fut porté à penser différemment, par son père, et à essayer ce que son influence pourrait opérer en faveur de son ami.

Un jour très-prochain était fixé pour le départ de Crawford, et sir Thomas pensait que l'on devait faire un effort de plus en faveur du jeune homme avant qu'il quittât Mansfield. Edmond fut aisément persuadé de se mêler de cette affaire ; il désirait connaître les sentimens de Fanny. Elle avait coutume de le consulter dans tous les momens d'embarras, et il avait trop d'attachement pour elle pour supporter volontiers d'être privé de sa confiance dans cette circonstance. Fanny, silencieuse et réservée envers lui, était une chose qui ne lui paraissait point naturelle ; c'était une situation qu'il voulait changer.

« Je lui parlerai, dit-il à son père ; je saisirai la première occasion qui se présentera pour lui parler seul. »

Sir Thomas l'ayant informé que Fanny était en ce moment-là même dans le jardin, il alla aussitôt l'y joindre.

« Je viens promener avec vous, Fanny, lui dit-il en prenant son bras; voilà long-temps que nous n'avons fait ensemble une agréable promenade. Le voulez-vous? »

Elle y consentit plutôt avec un regard qu'avec des paroles. Ses esprits étaient abattus.

« Mais, Fanny, ajouta Edmond, pour que cette promenade soit agréable, il faut quelque chose de plus que de marcher gravement ensemble sur ce sable; il faut que vous me parliez. Je sais que vous avez quelque chose qui vous occupe; je sais ce que c'est. Vous devez penser que je n'ignore pas ce qui a lieu. Dois-je apprendre cela de toutes les personnes qui sont ici, à l'exception de Fanny? »

Fanny, à la fois agitée et abattue,

répondit : « Si chacun vous parle de cela, mon cousin, il ne me reste plus rien à dire. »

« A l'égard des faits, vous avez peut-être raison ; mais à l'égard des sentimens, Fanny, il n'y a que vous qui puissiez me les faire connaître. Je ne veux pas toutefois vous importuner, je ne veux que ce qui pourra vous plaire. J'ai pensé que cette confidence vous soulagerait. »

« Je crains que nous ne pensions différemment. »

« Ne le croyez pas. Je suis certain qu'en comparant nos opinions, elles se ressembleront, comme cela a toujours été. Je regarde la proposition de Crawford comme très-avantageuse et très-désirable, si vous pouvez lui accorder une affection réciproque. Je trouve qu'il est très-naturel que toute votre famille désire cette union. Mais comme vous ne pouvez accorder votre affection à Crawford, vous avez fait absolument ce que vous deviez, en le refusant. Y a-t-il là-dessus quelque différence d'opinion entre nous ? »

« Oh non ! Mais je croyais que vous me blâmiez ; je croyais que vous étiez contre moi. Votre appui m'est si agréable ! »

« Vous auriez pu l'avoir plus tôt, Fanny, si vous l'eussiez recherché. Mais comment avez-vous pu me croire contre vous ? comment avez-vous pu imaginer que j'approuvais un mariage sans amour ? Si je vous paraissais même indifférent sur ces sortes de matières, avez-vous pensé que je le serais lorsqu'il s'agissait de votre bonheur ? »

« Mon oncle a pensé que j'avais tort, et je savais qu'il vous avait parlé. »

« Jusqu'à présent, Fanny, je pense que vous avez eu parfaitement raison. Je puis être fâché pour vous que vous n'ayez pas eu le temps de vous attacher à Crawford; mais je pense que vous avez parfaitement raison. Vous ne l'aimez pas; rien ne vous aurait justifiée d'accepter sa main. »

Il y avait bien long-temps que Fanny n'avait entendu d'aussi agréables paroles.

Edmond continua : « Votre conduite a été irréprochable, et ceux qui ont désiré que vous eussiez agi autrement, sont entièrement dans l'erreur. Mais cela ne finit pas là. L'attachement de Crawford n'est point ordinaire. Il persévère, dans l'espoir d'inspirer un sentiment que vous n'avez point encore éprouvé. Cela ne peut être que l'effet du temps, nous le savons. Mais (avec un sourire affectueux) laissez-le réussir! laissez-le enfin réussir, Fanny. Vous avez montré que vous étiez sensée et désintéressée; montrez maintenant que vous êtes reconnaissante et sensible, et vous serez alors le vrai modèle d'une épouse parfaite, pour l'image de laquelle j'ai toujours cru que vous étiez formée.

« Oh! jamais! jamais! jamais! il ne réussira jamais avec moi. » Et cela fut dit avec une chaleur qui étonna Edmond. Fanny rougit en se remettant, et en entendant Edmond lui dire : « Jamais! Fanny! Quel ton déterminé et positif! Cela ne vous ressemble point, à vous qui êtes la raison même. »

« Je veux dire que je pense, autant que l'on puisse répondre de l'avenir, que je ne répondrai jamais à sa bienveillance. »

« Il faut espérer quelque chose de mieux. Il faut espérer que le temps vous donnant la preuve, comme je le crois fermement, qu'il mérite votre affection, vous lui accorderez sa récompense. Je ne puis supposer que vous n'ayez pas le désir de l'aimer, désir qui est naturel à la reconnaissance. Vous devez éprouver quelque sentiment de cette espèce; vous devez être affligée de votre propre indifférence. »

« Nous nous ressemblons si peu, répondit Fanny, évitant de donner une réponse directe; nous sommes si différens dans nos inclinations et nos goûts, que je regarde comme tout à fait impossible que nous eussions un heureux sort, si même je venais à éprouver de l'affection pour lui. Il n'y a jamais eu deux êtres plus différens. Nous n'avons pas un seul goût pareil : nous serions malheureux. »

« Vous êtes dans l'erreur, Fanny. La différence n'est point aussi forte que vous le dites. Vous avez des goûts qui se ressemblent. Tous deux vous avez un cœur bienveillant. Quel homme, Fanny ! vous ayant vue écouter Crawford, lorsqu'il lisait Shakespeare l'autre soir, jugerait que vous ne vous convenez pas ? Vous vous étiez oubliée vous-même. Il y a de la différence dans vos caractères, je l'avoue : il est vif, vous êtes sérieuse ; mais tant mieux ; sa gaîté animera vos esprits. Vous êtes portée à vous représenter les difficultés plus grandes qu'elles ne le sont. Lui ne voit de difficultés nulle part, et son amabilité, ainsi que sa vivacité, vous seront un appui constant. Je ne vois rien dans vos caractères qui soit contre la probabilité de votre bonheur en vous unissant. Le contraste de quelques goûts est loin de s'opposer au bonheur du mariage. J'exclus les extrêmes; mais une ressemblance complète dans tous les points est peut-être très-opposée à ce bonheur. »

Fanny devina facilement où se portait la pensée d'Edmond en ce moment. Le pouvoir de miss Crawford revenait. Il avait parlé gaîment à Fanny de l'heure qu'il avait passée auprès d'elle en revenant à Mansfield. Il ne pouvait plus la fuir. La veille même il avait dîné au presbytère.

Après l'avoir laissé pendant quelques minutes livré à ses heureuses pensées, Fanny crut devoir revenir à M. Crawford. « Il y a quelque chose en lui, dit-elle, que je blâme encore plus que ses goûts. Je dois dire que je ne puis approuver son caractère. Je n'ai point eu bonne opinion de lui, depuis le moment où l'on voulut jouer une pièce de théâtre à Mansfield. Je trouvai qu'il se conduisait mal avec M. Rushworth, en ayant des attentions pour ma cousine Maria; enfin, à cette époque, je reçus contre lui une impression qui ne s'effacera jamais. »

« Ma chère Fanny, répliqua Edmond en l'écoutant à peine jusqu'à la fin, ne nous jugeons pas par ce que nous avons paru être à cette époque. C'est un moment que je ne puis me rappeler qu'avec déplaisir. Maria avait tort, Crawford avait tort ; mais personne n'était plus condamnable que moi. Comparés avec moi, les autres étaient irréprochables. Je commettais une sottise les yeux ouverts. »

« Comme spectatrice, je vis peut-être plus de choses que vous n'en remarquâtes. Je crois que M. Rushworth était quelquefois très-jaloux. »

« Cela est très-possible. Rien n'était plus inconvenant que toute cette affaire. »

« Avant la pièce, je suis bien trompée si Julia ne pensait pas que M. Crawford avait des attentions pour elle. »

« Julia ! j'ai bien entendu dire à quelqu'un que Crawford avait de l'amour pour Julia, mais je ne m'en suis jamais aperçu. Je pense qu'il est très-possible que mes sœurs aient désiré être admirées par Crawford, et qu'un homme aussi vif, et peut-être un peu inconsidéré, était conduit à..... Mais il n'y avait rien de marquant dans ses attentions, parce qu'il n'avait aucune prétention. Son cœur vous était réservé, et j'avoue qu'en vous le donnant, il s'est beaucoup élevé dans mon estime. Cela lui fait le plus grand honneur; cela montre qu'il sait connaître le prix du bonheur domestique et d'un sincère attachement. »

« Je suis persuadé qu'il ne pense pas comme il le devrait sur des matières sérieuses. »

« Dites plutôt qu'il n'a jamais pensé à des objets sérieux ; comment cela pourrait-il être autrement, avec l'éducation qu'il a reçue ? Ses sentimens ont été jusqu'à présent ses seuls guides ; heureusement, qu'en général, ils ont été bons : vous achèverez le reste. Il est très-heureux de s'être attaché à une femme telle que vous, qui mêle aux principes les plus stables, une douceur de caractère si convenable pour les faire aimer. Il a choisi sa compagne avec un rare bonheur. Il vous rendra heureuse, Fanny ! Je suis certain qu'il vous rendra heureuse ; mais vous, vous ferez de lui le meilleur homme possible. »

« Je ne voudrais point entreprendre une pareille tâche, s'écria Fanny d'une voix épouvantée. »

« Parce que, suivant votre coutume, vous ne vous appréciez point assez. J'avoue que je désire que vous pensiez autrement. Je ne m'intéresse point faiblement au succès de Crawford ; après votre bonheur, le sien, Fanny, est ce que je désire le plus. Vous savez que je m'intéresse à Crawford ? »

Fanny ne savait que trop bien d'où provenait cet intérêt ; elle garda le silence, et, après qu'Edmond eut fait quelques pas avec elle sans parler, il reprit : « J'ai été très-satisfait de la manière dont la sœur de Crawford a parlé hier de ce sujet, parce que je ne croyais pas qu'elle eût des idées aussi justes. Je savais qu'elle vous aimait beaucoup ; mais je craignais qu'elle n'eût regretté que son frère n'eût pas fixé son choix sur une personne riche et de distinction. Il en a été tout autrement. Elle parle de vous, Fanny, comme elle doit en parler; elle désire aussi vivement cette union que votre oncle et moi-même. Madame Grant riait de la vivacité qu'elle témoignait en m'entretenant de cet objet, dont elle parlait avec l'esprit et la grâce que vous lui connaissez. »

« Quoi! madame Grant était présente à cette conversation? »

« Oui; et ses sentimens sont absolument les mêmes que ceux de sa sœur. Leur surprise de ce que vous refusiez un homme tel que Crawford, a été sans bornes. J'ai dit ce que j'ai pu en votre faveur; mais véritablement, de la manière dont elles représentent la chose, vous devez prouver, aussitôt que possible, que vous avez repris toute votre raison, en tenant une conduite différente. Rien autre chose ne les satisfera. Mais cela vous fatigue, Fanny; j'ai tout dit... Ne vous éloignez pas de moi. »

« Je pensais, répondit Fanny après un moment de réflexion, que toute femme sensée devait croire qu'il était possible qu'un homme, malgré toutes les qualités dont il était orné, ne plût pas à tout notre sexe. Mais en supposant que cet homme dût plaire à toutes les femmes, et que M. Crawford ait tous les droits que ses sœurs lui supposent, comment étais-je préparée à répondre à ses sentimens? Il m'a prise tout à fait à l'improviste. Dans ma situation, ç'aurait été le comble de la vanité, que de m'attendre à attirer l'attention de M. Crawford. Je suis convaincue que ses sœurs en auraient jugé ainsi, s'il n'avait eu aucune intention à mon égard. Comment donc pouvais-je... l'aimer aussitôt qu'il m'a dit qu'il m'aimait? Comment pouvais-je avoir à ses ordres un attachement pour lui, aussitôt qu'il lui a convenu de le désirer? Ses sœurs doivent réfléchir sur ma position comme sur celle de M. Crawford. Plus il a de mérite, moins il me convenait d'avoir des prétentions à sa main; et nous pensons très-différemment sur les devoirs des femmes, si elles imaginent que l'on puisse accorder aussi promptement une réciprocité d'affection. »

« Ma chère Fanny, chère Fanny, j'ai maintenant la vérité. Ces sentimens sont dignes de vous. J'avais pensé que je les connaissais. Vous venez de me donner exactement l'explication que je me suis hasardé de donner pour vous à miss Crawford et à madame Grant. Miss Crawford nous a fait rire par ses plans d'encouragement pour son frère. Elle veut l'engager à persévérer dans l'espérance d'être aimé avec le temps, et de voir ses soins bien reçus au bout de dix années d'un heureux mariage. »

Fanny ne put que difficilement accorder le sourire qu'on lui demandait. Toute sa sensibilité était révoltée : elle craignait d'avoir mal fait en parlant trop ouvertement; et, dans un pareil moment, l'éloge de l'amabilité de miss Crawford lui causait un déplaisir amer.

Edmond vit que son visage portait l'empreinte de la tristesse, et il cessa dès-lors toute discussion. Il résolut de ne plus prononcer le nom de Crawford que d'une manière qui pourrait être agréable à Fanny, et en conséquence, il lui dit : « Ils partent lundi ; vous verrez votre amie demain ou dimanche ; ils partent réellement lundi. J'étais décidé à rester à Lessingby jusqu'à ce jour-là, je l'avais presque promis. Quelle différence cela aurait fait ! Ces cinq à six jours de plus de séjour à Lessingby auraient pu influer sur toute ma vie. »

« Vous y passiez votre temps agréablement ? »

« Oui ; ou si je ne l'ai pas fait, j'ai dû en accuser mon esprit. Je porte l'inquiétude avec moi ; je n'en ai été délivré que lorsque je me suis retrouvé à Mansfield. »

« Les demoiselles Owens ? vous les voyez avec plaisir, n'est-il pas vaai ? »

« Oui ; ce sont d'aimables personnes, sans prétentions, et d'une humeur agréable. Mais, Fanny, je ne puis trouver d'agrément dans une société de femmes ordinaires. Ces filles gaies et sans prétention, n'ont point d'attraits pour un homme qui a joui de la société de femmes délicates et sensibles. Il y a deux sortes d'êtres. Vous et miss Crawford m'avez rendu trop difficile. »

Fanny, malgré ce compliment, resta oppressée et attristée. Il le remarqua dans ses regards, et sans parler davantage, il la conduisit dans la maison, avec la douce autorité d'un gardien privilégié.

CHAPITRE IX.

Edmond pensa dès-lors qu'il connaissait parfaitement les sentimens de Fanny. Il jugea, comme il l'avait cru précédemment, que Crawford avait agi avec trop de précipitation, et qu'il fallait accorder du temps à Fanny pour se familiariser avec l'idée de l'attachement de Crawford et le trouver agréable.

Il commnniqua à son père son opinion sur le résultat de la conversation qu'il avait eue avec Fanny, et appuya sur la nécessité de ne plus faire aucun essai pour la persuader, mais de laisser opérer les assiduités de Crawford et sa raison.

Sir Thomas promit qu'il agirait ainsi : il croyait que l'opinion d'Edmond sur les sentimens de Fanny pouvait être juste, mais il craignait que dans l'intervalle nécessaire pour qu'elle se déterminât à recevoir convenablement les attentions de Crawford, celui-ci ne changeât de dispositions. Cependant il fallait bien se soumettre à ce délai, en espérant que tout irait pour le mieux.

La visite annoncée de miss Crawford, qu'Edmond appelait l'amie de Fanny, inspirait une vive crainte à celle-ci. Elle la redoutait comme une sœur vivement piquée, et sous un autre point de vue, comme triomphante et assurée du cœur d'Edmond. Le seul espoir de Fanny était qu'elle ne se trouverait peut-être pas seule quand miss Crawford viendrait. Elle s'absentait aussi peu que possible d'auprès de lady Bertram; elle n'allait point dans la chambre de l'Est, évitait toute promenade solitaire dans le jardin, et se précautionnait ainsi contre toute attaque soudaine.

Elle réussit. Elle se trouvait dans le salon du déjeûner avec sa tante, lorsque miss Crawford vint; et le premier moment d'embarras étant passé, Fanny trouvant que miss Crawford parlait avec beaucoup plus d'indifférence et de légèreté qu'elle ne s'y était attendue, commençait à espérer qu'elle en serait quitte pour une demi-heure d'une agitation modérée; mais cette espérance fut trompée; miss Crawford n'était point l'esclave de l'occasion. Elle avait résolu de voir Fanny tête à tête, et en conséquence, elle ne tarda pas à lui dire à demi-voix : « J'ai besoin de vous parler pendant quelques minutes ; » paroles qui firent tressaillir Fanny : le refus était impossible. Son habitude à la soumission la fit se lever à l'instant même, et sortir de la chambre avec miss Crawford. Elles n'eurent pas plutôt passé la porte, que miss Crawford, prenant la main de Fanny avec un air de reproche, mais cependant affectueux, parut vouloir commencer la conversation immédiatement. Toutefois elle se borna à dire : « Méchante fille ! je ne sais pas quand j'aurai fini de vous gronder ! » et elle eut assez de discrétion pour réserver le reste de son discours jusqu'au moment où elles se trouveraient dans un autre lieu. Fanny monta l'escalier, et conduisit miss Crawford dans l'appartement qu'elle jugeait le plus convenable. Elle en ouvrit la porte avec un sentiment pénible ; mais le mal qu'elle redoutait, fut tout à coup différé par un changement subit qui se fit dans les idées de miss Crawford, lorsqu'elle se vit dans la chambre de l'Est.

« Ah ! s'écria-t-elle avec un transport de joie, suis-je donc de nouveau dans la chambre de l'Est ? » Et après avoir porté ses regards autour d'elle, elle parut se rappeler tout ce qui avait eu lieu, et elle ajouta : « Je n'y suis venue qu'une fois ; vous en souvenez-vous, Fanny ? J'y vins pour répéter mon rôle ; votre cousin y vint aussi, et nous eûmes une répétition. Vous étiez notre auditeur et notre correcteur. Quelle agréable répétition ! Je ne l'oublierai jamais. Nous étions précisément dans cette place ; votre cousin était là ; moi j'étais ici ; là, étaient nos siéges.... Ah ! pourquoi tout cela est-il passé ? »

Fanny n'avait heureusement pour elle rien à répondre. Miss Crawford s'était abandonnée à la rêverie et à un doux souvenir. Elle reprit :

« La scène en répétition était si remarquable, le sujet en était si.... si... que dirai-je ? Il me dépeignait le mariage, et me pressait de m'y engager. Je pense encore le voir et l'entendre me dire : « Lorsque deux cœurs liés par la sympathie forment les nœuds du mariage, cette union peut être nommée une *vie heureuse.* » Je crois que je n'oublierai jamais l'impression que me firent les regards et la voix d'Edmond, lorsqu'il prononçait ces paroles. C'était une chose singulière, que d'avoir une pareille scène à répéter ! Si j'avais le pouvoir de recommencer une époque de ma vie passée, ce serait celle-là que je choisirais. Vous direz ce que vous voudrez, Fanny, ce serait celle-là, car je n'ai jamais connu un plus vif bonheur. Mais hélas ! tout fut détruit le soir même. Ce même soir ramena votre oncle, bien mal arrivé. Pauvre sir Thomas ! Qui fut bien aise de vous voir ? Cependant, Fanny, ne croyez pas que je veuille parler peu respectueusement de sir Thomas, quoique certainement je l'aie haï pendant plusieurs jours. Non, je lui rends justice à présent. Il est ce que doit être le chef d'une telle famille. Maintenant, je crois que je vous aime tous. Mais revenons à vous, chère Fanny; asseyons-nous, et passons ce moment agréablement. J'avais intention de vous gronder, mais je n'ai plus le courage de le faire; » et, en embrassant Fanny avec affection, elle ajouta : « Bonne et chère Fanny! quand je pense que c'est la dernière fois que je vous vois, car je ne sais pas combien de temps..... il m'est impossible de faire autre chose que de vous aimer. »

Fanny fut touchée. Elle ne s'était pas attendue à ce langage, et l'impression de ces mots : *La dernière fois*, fit un tel effet sur elle, qu'elle se mit à pleurer comme si elle eût aimé miss Crawford extrêmement. Miss Crawford encore plus affectée en voyant cette émotion, la serra dans ses bras avec tendresse, et dit : « Que je suis fâchée de vous quitter! Je ne rencontrerai point où je vais, des êtres aussi aimables que vous. Puissions-nous devenir sœurs! Oui, nous le serons. Je sens que nous devons être liées l'une à l'autre, et vos larmes, chère Fanny, me prouvent que vous pensez ainsi. »

Fanny reprenant ses esprits, répliqua seulement : « Mais vous quittez des amis pour aller en retrouver d'autres; vous allez voir une de vos amies particulières. »

« Oui, cela est vrai; madame Fraser est mon intime amie depuis des années. Mais je n'ai pas la moindre inclination à me rendre auprès d'elle. Je ne puis penser qu'aux amis que je quitte, mon excellente sœur, vous-même, et la famille Bertram, en général. Je voudrais avoir arrêté avec madame Fraser, que je ne serais allé la voir qu'après Pâques : à présent, je ne puis me dégager ; et quand j'aurai passé quelque temps avec elle, il faudra que j'aille chez sa sœur lady Stornaway, parce qu'elle est mon amie la plus particulière ; mais depuis trois ans, je n'ai pas entretenu beaucoup cette liaison. »

Après ces paroles, les deux jeunes personnes s'assirent, et restèrent quelques minutes silencieuses, toutes deux méditant ; Fanny, sur les différentes sortes d'amitié qui existent dans le monde ; Marie, sur un sujet d'une tendance moins philosophique : elle rompit ce silence la première.

« Je me rappelle parfaitement la résolution que je pris de venir vous chercher dans la chambre de l'Est, sans savoir où elle était. Je vous aperçus assise auprès de cette table, travaillant. Je me rappelle l'étonnement de votre cousin quand il ouvrit la porte et me trouva ici! Oh! certainement le retour de votre oncle dans cette soirée même, fut bien contrariant! On n'a jamais vu rien de semblable. »

Une autre rêverie eut lieu. Miss Crawford s'en délivra, et dit : « Eh bien, Fanny! vous voilà tout à fait pensive, et j'espère que c'est à cause de quelqu'un qui est toujours occupé de vous. Ah! je voudrais pouvoir vous transporter pour un moment dans notre cercle à Londres, pour vous faire apprécier l'attachement que vous avez inspiré à Henri. Quelle quantité de cœurs jaloux et épris!

Quel étonnement! quelle incrédulité n'éprouvera-t-on point en apprenant votre pouvoir sur lui? Henri est tout à fait un héros de roman; il se fait gloire de ses chaînes. Il faudrait que vous vinssiez à Londres pour connaître le prix de votre conquête. Vous verriez combien il est courtisé et combien je le suis moi-même à cause de lui. Je crois bien que maintenant je ne serai pas aussi bien reçue par madame Fraser, à cause de la situation d'Henri avec vous. Quand elle connaîtra la vérité, elle désirera probablement que je sois de nouveau dans le comté de Northampton; car il y a une fille de M. Fraser, par sa première femme, qu'elle désire ardemment de marier, et qu'elle voudrait faire épouser à Henri. Innocente et tranquille ici, vous ne vous faites pas une idée de la sensation que vous occasionnerez, de la curiosité que l'on aura de vous voir, et des questions sans terme auxquelles j'aurai à répondre. Pauvre Marguerite Fraser! elle me demandera comment sont vos yeux, votre bouche, vos cheveux. Je voudrais que Marguerite fût mariée, à cause de ma pauvre amie madame Fraser, car je la regarde comme aussi malheureuse que la plupart des autres gens mariés, et cependant elle a fait un mariage fort désirable. Nous en fûmes tous charmés. Elle ne pouvait faire autrement que de l'accepter; M. Fraser était riche, et elle n'avait rien. Mais il est devenu maussade et exigeant : il veut qu'une belle et jeune femme de vingt-cinq ans soit aussi rangée que lui-même, et mon amie ne le ménage pas. Il y a entr'eux un esprit d'irritation qui est très-désagréable, pour ne rien dire de plus. Quand je serai chez madame Fraser, je me rappelerai avec respect les mœurs conjugales du presbytère de Mansfield. Le docteur Grant montre une confiance dans ma sœur et une considération pour son jugement qui démontrent qu'il y a entr'eux de l'attachement. Mais il n'y a rien de semblable dans la famille Fraser. Je serai pour toujours à Mansfield, Fanny. Ma propre sœur comme femme et sir Thomas comme époux, seront mes modèles de perfection. Je n'ai pas beaucoup à dire de mon autre amie Flora, la sœur de madame Fraser, qui a rejeté la demande d'un jeune homme très-candide, à cause de ce désagréable lord Stornawory, qui a autant d'esprit, à peu près, que M. Rushworth, mais avec une figure beaucoup plus maussade et un mauvais caractère. Dans le temps je doutais qu'elle fît bien, car il n'a même pas l'air d'un gentleman, et maintenant je suis assurée qu'elle a eu tort. Flora se mourait d'amour pour Henri, le premier hiver qu'elle parut. Mais si je voulais vous parler de toutes les femmes auxquelles il a inspiré de l'amour, je ne finirais pas. C'est vous seule, indifférente Fanny, qui pouvez le regarder avec insensibilité. Mais êtes-vous bien insensible telle que vous le dites? Non, non, je vois que vous ne l'êtes pas. »

Il y avait, en effet, en ce moment une teinte vermeille sur le visage de

Fanny, qui pouvait donner des soupçons.

« Excellente créature, ajouta miss Crawford, je ne vous tourmenterai point. Chaque chose prendra son cours. Mais, chère Fanny, vous devez avouer que vous n'étiez pas aussi peu préparée à recevoir la demande de Henri, que votre cousin l'imagine. Il est impossible que vous n'en ayez pas eu quelques pressentimens. Vous avez dû voir qu'il cherchait à vous plaire par toutes les attentions qui étaient en son pouvoir. N'était-il pas occupé de vous seule au bal? et avant le bal, le collier!... Oh! vous l'avez reçu précisément comme on le désirait. Vous fûtes aussi sensible à ce don, que le cœur le plus épris pouvait le désirer. Je me le rappelle parfaitement. »

« Quoi ! voulez-vous me dire que votre frère connaissait avant le bal ce collier !.... Ah ! miss Crawford, cela n'était pas bien. »

« Comment ! connaître ce collier ? C'était son œuvre propre, c'était sa propre pensée. Je suis honteuse de dire que je n'avais pas eu cette idée ; mais j'étais charmée d'agir suivant ses intentions, à cause de vous deux. »

« Je ne tairai point que j'ai été presque effrayée dans le temps de ce que cela se fût trouvé ainsi. Mais d'abord, je ne m'en suis pas doutée. C'est la vérité la plus pure, et rien n'aurait pu m'engager à accepter ce collier, si j'avais su qu'il m'était donné par M. Crawford. Quant à sa conduite à mon égard, je n'ai pu me dissimuler qu'il avait quelques attentions pour moi, mais j'ai regardé cela comme n'ayant aucune importance, aucun objet. Je n'ai point été, miss Crawford, sans observer ce qui a eu lieu entre lui et quelques personnes de cette famille-ci, pendant l'été et l'automne ; j'étais tranquille, mais j'avais les yeux ouverts. J'ai été à même de voir que M. Crawford avait des attentions galantes qui n'avaient aucun sens. »

« Ah! je ne puis le nier : il a été inconsidéré, et il n'a pas fait assez d'attention à l'impression qu'il pouvait faire dans le cœur de vos jeunes cousines. Je l'ai souvent grondé à cause de cela. Eh bien! Fanny, vous avez la gloire de fixer un homme qui a bravé les charmes de tant d'autres femmes. Vous l'avez à votre discrétion pour lui faire expier ses fautes envers notre sexe. Ce n'est pas un triomphe à mépriser. »

Fanny secoua la tête, et répondit : « Je ne puis bien penser d'un homme qui se joue des sentimens de toutes les femmes; les peines qu'il cause sont souvent plus grandes qu'on ne peut l'imaginer. »

« Je ne le défends pas, mais je me borne à dire qu'il vous est attaché plus qu'il ne l'a jamais été à aucune autre femme; qu'il vous aime de tout son cœur, et qu'il vous aimera toujours ainsi, autant que cela soit possible. Si jamais un homme a aimé pour toujours, je pense que Henri vous aimera ainsi. »

Fanny ne put s'empêcher de sourire, mais elle ne dit rien.

« Je crois, ajouta Marie, que

Henri n'a jamais été plus heureux que lorsqu'il a réussi à obtenir le brevet de votre frère. »

Elle causait de cette manière une émotion certaine dans les sentimens de Fanny.

« Oh oui ! Quelle bonté n'a-t-il pas eue ? »

« Je sais qu'il s'est donné beaucoup de soins pour cela, car je connais les personnes auxquelles il avait affaire. L'amiral déteste l'importunité, et a de la répugnance à demander des faveurs ; et il y a tant de jeunes gens qui désirent être employés, qu'il faut beaucoup d'énergie et beaucoup d'amitié pour parvenir à faire réussir un recommandé. Combien William doit être heureux ! je voudrais que nous puissions le voir. »

Fanny était ainsi jetée dans le plus grand embarras. Le souvenir de ce que M. Crawford avait fait pour son frère était ce qui combattait le plus fortement sa décision contre lui ; et profondément occupée de ces réflexions, elle s'assit jusqu'à ce que Marie, qui avait pris d'abord plaisir à la voir ainsi préoccupée, rappela son attention tout à coup, en lui disant : « Je resterais volontiers toute la journée à causer avec vous, mais nous devons ne pas oublier votre tante, et ainsi adieu, ma chère, mon aimable, mon excellente Fanny ; car, quoique nous allions nous retrouver dans le salon du déjeûner, il faut que je prenne congé de vous ici. Il me tarde que nous soyons réunies ; j'espère que lorsque nous nous reverrons, ce sera dans d'autres circonstances qui nous feront nous ouvrir nos cœurs l'une à l'autre, sans aucune réserve. »

Un tendre embrassement suivit ces paroles.

« Je verrai votre cousin à Londres bientôt, et sir Thomas dans le courant du printemps. Je suis certaine de rencontrer souvent votre cousin, l'aîné des fils de sir Thomas, et sa sœur, madame Rushworth, et Julia; tous enfin, excepté vous. J'ai une faveur à vous demander, Fanny : c'est votre correspondance. »

Fanny ne put se refuser à cette demande. L'affection que miss Crawford lui témoignait l'avait touchée, et de plus, elle lui savait gré d'avoir rendu leur tête à tête moins pénible qu'elle ne l'avait craint. Enfin, cette entrevue était terminée, son secret lui appartenait encore, et Fanny croyait pouvoir se résigner à tout, tant que cela serait ainsi.

Dans la soirée, il y eut un autre adieu. Henri Crawford vint et resta quelque temps avec la famille. Le cœur de Fanny fut un peu amolli à son égard; il paraissait véritablement affecté; il était tout à fait différent de ce qu'il avait paru être précédemment. A peine disait-il quelques paroles. Il avait l'air d'être réellement affligé, et Fanny ne pouvait s'empêcher d'en être touchée, quoiqu'elle espérât ne plus le revoir qu'il ne fût le mari d'une autre femme.

Lorsque le moment du départ arriva, il prit sa main; elle ne pouvait la lui refuser. Il ne dit rien, ou prononça quelques paroles qu'elle n'entendit pas; et quand il fut parti,

Fanny ne fut pas fâchée de ce que ce signe d'amitié eût eu lieu.

Le matin suivant, M. Crawford et sa sœur Marie étaient en route.

CHAPITRE X.

M. Crawford parti, le premier objet de sir Thomas fut d'observer s'il était regretté. Il s'attendait à ce que sa nièce s'apercevrait de son absence ; il l'examinait avec soin, mais il ne pouvait se flatter d'avoir découvert quelque chose à cet égard. Il n'apercevait pas le moindre changement dans la personne de Fanny. Elle était toujours si douce, si calme, que ses sentimens ne pouvaient être saisis par lui. Il ne la comprenait pas, et en conséquence il s'adressa à Edmond pour lui demander comment Fanny se trouvait en ce moment, et si elle était plus ou moins heureuse qu'elle ne l'avait été.

Edmond ne découvrait non plus aucun symptôme de regret, et il crut que son père avait un peu tort de penser que les trois ou quatre premiers jours Fanny s'apercevrait de l'absence de Crawford.

Mais ce qui le surprenait, c'était que la sœur de Crawford, l'amie, la compagne de Fanny, fût si peu regretée par elle. Il s'étonnait de ce qu'elle en parlât si rarement et parlât si peu de son éloignement.

Hélas ! c'était précisément cette sœur, cette amie, cette compagne qui était la principale ennemie du repos de Fanny. Si elle avait pu penser que le sort de Marie était aussi peu lié avec la famille de sir Thomas, qu'elle espérait que le sien propre le serait avec M. Crawford, son cœur aurait été tranquille. Mais plus elle se rappelait le passé et faisait des remarques, et plus elle était pleinement convaincue que le mariage de miss Crawford avec Edmond était plus probable que jamais. L'inclination d'Edmond avait augmenté, et celle de miss Crawford n'était point douteuse. Edmond devait aller à Londres aussitôt qu'il aurait achevé quelques affaires relatives à Thornton-Lacey. Peut-être partirait-il dans une quinzaine; il aimait à parler de ce voyage, et une fois qu'il se retrouverait avec miss Crawford, Fanny ne doutait plus de l'issue qu'aurait cette inclination mutuelle. Edmond serait accepté dès qu'il proposerait sa main à miss Crawford, et cependant il restait encore à celle-ci des sentimens qui faisaient mal augurer de cette union à Fanny, indépendamment de ce que ses propres sentimens lui faisaient éprouver à ce sujet.

Dans leur dernière conversation, miss Crawford, malgré quelques aimables sensations, avait encore été miss Crawford, et sans y penser, avait montré la même légèreté, la même inconséquence. Fanny ne croyait pas qu'il y eût le moindre rapport entre elle et Edmond, et elle pensait qu'il fallait désespérer de voir miss Crawford se conduire avec bon sens, puisque l'influence d'Edmond dans cette première époque de leur attachement, avait si peu de pouvoir sur elle pour éclairer son jugement. D'après cette persuasion, elle ne pouvait parler sans peine de miss Crawford.

Sir Thomas cependant s'en rapporta à ses propres espérances et à ses propres observations pour découvrir bientôt l'effet de l'absence de M. Crawford sur l'esprit de sa nièce; une nouvelle visite qui survint lui parut devoir faire une diversion dans les sentimens de Fanny, qui expliquait l'indifférence qu'elle paraissait éprouver. William avait obtenu un congé de dix jours pour les passer dans le comté de Northampton. Il venait le plus heureux des lieutenans, parce qu'il en était le plus récemment nommé, pour peindre son bonheur et son habit d'uniforme.

Il arriva, et il aurait été charmé de pouvoir montrer cet uniforme, si la coutume cruelle n'avait prescrit de ne point le porter hors de service. L'habit était donc resté à Portsmouth, et Edmond conjecturait qu'avant que Fanny eût occasion de le voir, il serait usé; mais sir Thomas fit part à son fils d'un projet qui mettait Fanny à même de voir le second lieutenant de la goëlette de sa majesté britannique, *la Grive*, dans toute sa gloire.

Ce projet était de laisser Fanny accompagner son frère jusqu'à Portsmouth, et passer quelque temps dans sa famille. Ce plan s'était présenté à sir Thomas dans un de ses momens de graves rêveries; mais avant de l'arrêter, il consulta son fils. Edmond n'y trouva rien qui ne fût juste, et il ne douta point qu'il ne fût agréable à Fanny. C'en fut assez pour déterminer sir Thomas, et les mots : « Ce sera donc! » prononcés avec décision, terminèrent l'affaire. Son but en cela n'était point de procurer à

Fanny le plaisir de revoir ses parens, ni d'augmenter son bonheur. Il désirait bien qu'elle fît ce voyage avec plaisir, mais il désirait encore plus vivement qu'elle fût impatiente de revenir à Mansfield avant que le temps fixé pour son absence fût expiré; et qu'une petite abstinence de l'élégance et du luxe du parc de Mansfield, en la rendant plus sage, lui fît mieux apprécier la fortune qui lui était offerte. La maison de son père devait faire sentir à Fanny le prix d'un grand revenu, et sir Thomas pensait qu'elle serait toute sa vie la plus sage et la plus heureuse des femmes, par l'effet de la comparaison qu'il avait projeté de la mettre à même de faire.

Si Fanny eût été d'un caractère à se livrer aux ravissemens, elle l'aurait vivement témoigné lorsque son oncle lui proposa d'aller rendre visite à ses parens, ses frères et ses sœurs, dont elle avait été séparée presque toute sa vie, et d'aller passer une couple de mois dans les lieux où s'était écoulée son enfance, en ayant William pour compagnon de voyage, et pouvant le voir jusqu'au dernier moment de son séjour à terre. Fanny fut vivement satisfaite, mais son bonheur était d'une nature calme, profonde, intime. Parlant ordinairement peu, elle était encore plus portée à garder le silence quand elle était vivement touchée. Dans le moment où son oncle lui fit cette proposition, elle ne put que le remercier et accepter. Mais ensuite, lorsqu'elle se fut familiarisée avec l'image des plaisirs qui s'étaient présentés soudainement à elle, elle put parler plus à l'aise avec Edmond et William de ce qu'elle éprouvait; mais elle ressentait une tendre émotion que des mots ne pouvaient exprimer. Le souvenir de ses premiers plaisirs et de ce qu'elle avait souffert en les quittant, revenait dans sa pensée avec une nouvelle force. Se trouver entourée d'un cercle de parens qui l'aimaient, pouvoir se livrer sans contrainte à toute son affection, être à l'abri de toute mention de miss Crawford, c'était une position à laquelle Fanny ne pouvait penser sans se sentir pénétrée de bonheur.

Edmond aussi...; être loin de lui pendant deux mois, et peut-être trois, ce ne pouvait que produire un bon effet pour Fanny. Eloignée de ses regards et de ses témoignages affectueux, soustraite au tourment continuel de connaître son cœur et de chercher à éviter ses confidences, elle pourrait raisonner d'une manière plus sage sur sa position. Elle pourrait parvenir à apprendre qu'il serait à Londres, et terminerait tout ce qui l'attirait dans cette ville, sans être malheureuse. Ce qui aurait été difficile à supporter à Mansfield, deviendrait un mal léger à Portsmouth.

La seule pensée qui tourmentât Fanny, était que sa tante serait moins agréablement sans elle. Son utilité auprès de lady Bertram était réelle. C'était aussi la partie du projet la plus difficile à arranger pour sir Thomas.

Mais il était maître au parc de Mansfield. Quand il avait résolu quelque chose, il pouvait l'exécuter; et dans cette occasion, en faisant de ce sujet l'objet de sa conversation, en disant qu'il serait du devoir de Fanny d'aller passer quelque temps dans sa famille, il décida sa femme à laisser faire ce voyage à Fanny. Mais il obtint cela plutôt de sa soumission que de sa conviction, car lady Bertram n'examina d'autre chose dans cette affaire, que la volonté de sir Thomas.

Sir Thomas en avait appelé à sa raison, à sa conscience, à sa dignité. Il appela cela un sacrifice. Mais madame Norris s'efforçait de lui persuader que l'on pouvait très-bien se passer de Fanny, madame Norris étant prête à donner tout son temps à lady Bertram, et qu'enfin l'on ne pouvait avoir besoin de Fanny.

« Cela peut être, ma sœur, répondit lady Bertram ; vous avez raison ; mais je suis certaine qu'elle me manquera beaucoup. »

On s'occupa ensuite de communiquer cette résolution à Portsmouth. Fanny écrivit pour s'offrir elle-même; et la réponse de sa mère, quoique courte, fut si tendre, si naturelle, si maternelle, que tout l'espoir du bonheur que Fanny se promettait fut confirmé.

William fut presqu'aussi heureux que sa sœur. Il avait le plus grand plaisir à penser qu'il verrait Fanny jusqu'au moment de s'embarquer, et que peut-être il la retrouverait à Portsmouth au retour de sa première croisière. En outre, il désirait ardemment voir la goëlette *la Grive* avant qu'elle sortît du port. Il crut ne devoir pas cacher à Fanny que son séjour de quelque temps chez sa mère ferait grand bien à chacun. « Je ne sais pas comment cela se fait, disait-il ; mais nous manquons de vos manières délicates et de votre bon ordre, chez mon père. La maison est toujours en confusion. Je suis certain que tout ira mieux quand vous y serez. Vous direz à ma mère de quelle façon elle doit s'y prendre ; vous serez utile à Susanne, à Betsy, les jeunes garçons vous aimeront et écouteront vos avis. Combien votre présence sera utile et agréable ! »

Pendant l'intervalle de temps qui s'écoula jusqu'à l'arrivée de la réponse de madame Price, William et Fanny furent très-alarmés sur leur voyage ; lorsque madame Norris vit que sir Thomas donnait à William des billets de banque afin qu'il voyageât en poste, elle eut l'idée de se mettre en troisième dans la voiture, et témoigna tout à coup un vif désir d'aller avec eux, pour aller voir sa pauvre chère sœur Price, qu'elle n'avait pas vue depuis vingt ans.

William et Fanny furent frappés de terreur en l'entendant manifester cette volonté. Tout l'agrément de leur voyage était détruit soudainement; ils se regardaient l'un l'autre avec tristesse. Leur inquiétude dura une heure ou deux. Madame Norris n'éprouva ni encouragement ni contradiction. On la laissa décider elle-même cette affaire; et elle finit, à la grande satisfaction de son neveu et de sa nièce, par se rappeler qu'on ne pouvait se passer d'elle en ce moment à Mansfield, et par réfléchir que si elle allait à Portsmouth, elle pourrait éviter difficilement de payer sa propre dépense. Ainsi sa pauvre chère sœur Price fut laissée de côté, et une autre séparation de vingt ans peut-être commença.

Les plans d'Edmond furent un peu contrariés par cette absence de Fanny. Il avait aussi un sacrifice à faire au parc de Mansfield aussi bien que sa tante. Il avait eu le projet de partir pour Londres à cette époque; mais il ne pouvait quitter son père et sa mère précisément au moment où ils se séparaient de Fanny, dont la présence leur était aussi agréable qu'utile; et avec un effort qu'il ne témoigna point, mais qu'il éprouva, il retarda pour une semaine ou deux, un voyage qu'il avait considéré comme devant fixer son bonheur pour toujours.

Il en parla à Fanny. Il lui fit de nouveau un autre discours confidentiel relatif à miss Crawford, et Fanny fut d'autant plus émue en l'écoutant, qu'elle pensait que c'était la dernière fois où le nom de miss Crawford serait mentionné entr'eux avec quelque reste de liberté. Une autre fois ensuite, lady Bertram ayant dit à sa nièce de lui écrire bientôt et souvent, lui promettant de lui écrire elle-même, Edmond saisit un moment favorable pour lui dire à demi-voix : « Je vous écrirai, Fanny, quand j'aurai quelque chose digne de vous être annoncé, quelque chose que vous aimiez à lire, et que vous lirez probablement bientôt. » Si elle s'était doutée du sens de ces paroles, la rougeur avec laquelle elle l'écoutait aurait encore été plus vive.

Elle devait essayer de s'armer contre cette lettre. Une lettre d'Edmond pouvait-elle donc être pour elle un objet d'effroi ? Elle sentait qu'elle n'avait pas encore éprouvé toutes les vicissitudes de l'esprit humain.

Pauvre Fanny ! quoiqu'elle allât volontiers et avec empressement à Portsmouth, la veille de son départ la remplit de tristesse. Elle embrassa étroitement sa tante Bertram, parce qu'elle savait que celle-ci serait privée d'elle ; elle baisa la main de son oncle en comprimant des sanglots, parce qu'elle savait lui avoir déplu ; et quant à Edmond, elle ne put lui parler ni le regarder, quand le moment de lui dire adieu fut venu. Ce ne fut qu'après que ce moment fut passé, qu'elle se rappela qu'il lui avait dit adieu comme un tendre frère.

Tout cela s'était passé le soir, le voyage devant commencer à la pointe du jour suivant; et quand le petit cercle des habitans de Mansfield se retrouva à déjeûner, on parla de William et de Fanny, comme ayant déjà fait plusieurs milles.

FIN DU TROISIÈME VOLUME.

LE PARC
DE MANSFIELD.

IV.

www.ingramcontent.com/pod-product-compliance
Lightning Source LLC
LaVergne TN
LVHW050533100826
845148LV00002B/545